COLLECTION POÉSIE

MAURICE MAETERLINCK

Serres chaudes
Quinze Chansons
La Princesse Maleine

Édition présentée par
Paul Gorceix

GALLIMARD

PRÉFACE

Sans l'apport capital de la Belgique, la physionomie du symbolisme français serait, sans nul doute, différente. Dans les deux dernières décennies du XIXᵉ siècle, c'est une pléiade de poètes belges qui participe à l'essor du mouvement symboliste, et lui apporte un climat nouveau, une coloration originelle, inséparables des Flandres belges. Fatalité de l'histoire littéraire ou connivence, qui réunit accidentellement sur le même espace géographique l'esprit du temps et la sensibilité de ce qu'il y a lieu d'appeler ici une famille de poètes ? Car tous, ils sont issus du même terroir, entre les Ardennes et la mer du Nord, où confluent les civilisations romane et germanique. Leurs noms l'indiquent bien, difficiles à prononcer correctement pour un Français, remarquait l'écrivain autrichien Stefan Zweig — qu'ils s'appellent Albert Mockel, Georges Rodenbach, Charles Van Lerberghe, Max Elskamp, et les deux plus grands qui donnèrent à la littérature belge ses lettres de noblesse, Emile Verhaeren et Maurice Maeterlinck.

Qui était Maurice Maeterlinck en 1886, à l'époque où éclorent les poèmes du recueil des Serres chaudes ?

Un jeune esthète de vingt-trois ans, né le 29 août 1862 dans une famille flamande de la riche bourgeoisie de Gand, éprise de langue et de culture françaises, à l'intérieur du contexte lin-

*guistique néerlandophone. Situation paradoxale ? Les particu-
larismes, les contrastes sont très marqués alors dans les Flan-
dres. Ethnique, entre les deux collectivités qui y cohabitent, les
Flamands et les Wallons ; religieux, on est plus catholique en
Flandre ; linguistique aussi. Dans une famille bourgeoise com-
me celle de Maurice, sur une terre de vieille culture flamande,
toute bruissante encore des chansons populaires et des voix des
béguines, la langue française était prédominante. Le flamand,
c'était la langue du peuple que l'on réservait aux rapports avec
les domestiques. Contrastes sociaux : dans la Flandre à la fois
agricole et industrielle, les cités tentaculaires célébrées par Ver-
haeren, les charbonnages et les hauts fourneaux défient la pai-
sible campagne et les villes monastiques, closes derrière leurs
murailles médiévales, sillonnées de ces canaux aux eaux glau-
ques, que Rodenbach a immortalisées dans* Bruges-la-morte.*

*Il est des similitudes remarquables. Ces poètes, dont la plu-
part ont fait un bref séjour au barreau, vite abandonné pour les
lettres, tels Verhaeren, Rodenbach, Elskamp et Maeterlinck,
appartiennent à la bourgeoisie cossue et fermée de Bruxelles, de
Gand ou d'Anvers, que le négoce avait enrichie et qui était
parvenue à son zénith à la fin du siècle dernier. N'allons pas
croire pour autant que ces fils de la bourgeoisie assistent indiffé-
rents aux luttes de leur temps, enfermés dans leur tour d'ivoire.
Bouleversé par la lecture de* J'accuse, *Van Lerberghe lui-même
prend la tête de la manifestation favorable à Zola, soutenu par
Maeterlinck et Mockel. Verhaeren fonde en 1892, avec Georges
Eekhoud et Emile Vandervelde, une section d'art à la Maison
du Peuple de Bruxelles.*

*Dans ce carrefour de l'Europe, on est cosmopolite, attentif à
tout ce qui vient de l'étranger. Par le biais du flamand, n'ac-
cède-t-on pas sans effort aux littératures anglaise et alleman-
de ? D'autant que l'on se sent soi-même l'âme fort peu pari-
sienne ; et pourtant c'est de Paris que l'écrivain qui brigue le
succès continue d'attendre censure ou consécration.*

*Après des études de droit menées sans enthousiasme, le jeune
avocat Maurice Maeterlinck, sportif, jardinier, apiculteur à ses*

heures, s'était mis à écrire. Outre quelques vers d'inspiration parnassienne, il publie une nouvelle, Le Massacre des Innocents, *transposée d'un tableau de Pierre Bruegel, signée Mooris à la flamande, et aussi un conte fantastique,* Onirologie *(1889), paru dans* La Revue générale. *Avec Rodenbach et Verhaeren, ses aînés de sept ans, avec Albert Mockel, directeur de la revue* La Wallonie, *il rêve de créer une manière, une écriture originale qui seraient l'expression des traditions, de la sensibilité, de la singularité que représentent les Flamands au sein des lettres françaises.*

Jules Huret donne de Maeterlinck ce portrait dans son Enquête sur l'évolution littéraire *(1891) :*

Assez grand, les épaules carrées, la moustache blonde coupée presque ras, Maeterlinck, avec ses traits réguliers, le rose juvénile de ses joues et ses yeux clairs, réalise exactement le type flamand. Cela joint à ses manières très simples, à son allure plutôt timide, sans geste, mais sans embarras, provoque tout d'abord un sentiment de surprise très agréable, [...] Mais ce charme a son revers : [...] il ne parle pas... très simplement — comme d'autres parlent.

...

Oui, j'ai un appétit féroce, me dit-il. C'est que je fais beaucoup d'exercices physiques : canotage, haltères ; l'hiver, je patine, je vais souvent jusqu'à Bruges et même en Hollande, sur la glace ; le bicycle, tous les jours... quand je ne plaide pas... mais je plaide si rarement !

[...] De temps en temps, un pauvre paysan vient me demander de le défendre, et je plaide — en flamand.

Le tournant capital se situe vers la fin de l'année 1885. Le 24 décembre, Maeterlinck écrit à Rodolphe Darzens, un ami, collaborateur de la revue bruxelloise La Bazoche : *«J'ai découvert (à peu près) un Ermite ou un Illuminé Flamand du*

XIIIe siècle, Ruysbroeck l'Admirable [...]. Eh bien, jamais je
n'ai éprouvé une joie ni un étonnement pareils, c'est l'homme
de génie absolu et dont l'œuvre est immense matériellement. »
C'est le coup de foudre. Dans l'enthousiasme, il traduit Le
Livre des XII béguines *et* L'Ornement des noces spiri-
tuelles, *qui paraissent en 1891, fasciné qu'il est par cette*
« étrange prose noire comme le vide effrayant », *par les images
symboliques que l'ermite de la forêt de Soignes* « va chercher au
jardin, à la cuisine ou dans les étoiles », *pour suggérer, par
analogie — un mot clef des* Serres chaudes ! — *l'inouï qui se
cache derrière la façade du visible.*

À cette rencontre, il faut en ajouter une autre, en 1886, lors
d'un séjour à Paris : c'est celle de Villiers de l'Isle-Adam que
Maeterlinck retrouvait le soir à la brasserie Pousset, au fau-
bourg Montmartre, en compagnie de Saint-Pol Roux, Mikhaël,
Quillard, Darzens, etc. :

J'ai connu un certain nombre d'hommes qui ne
vivaient qu'aux cimes de la pensée, *écrira-t-il cinquante-
sept ans plus tard dans son livre de souvenirs,* Bulles bleues, *je*
n'en ai pas rencontré qui m'aient donné aussi nette-
ment, aussi irrévocablement l'impression du génie.
La princesse Maleine, Mélisande, Astolaine, Sélysette
et les fantômes qui suivirent attendaient l'atmosphère
que Villiers avait créée en moi pour y naître et respirer
enfin.

De surcroît, Villiers ce pionnier du wagnérisme en France,
qui passait aux yeux du groupe, y compris Mallarmé, pour le
spécialiste de Hegel et de Schopenhauer, va jouer auprès du
Gantois le rôle d'initiateur en philosophie allemande.
Mû par un esprit de syncrétisme qui déconcerte, Maeterlinck
se forge un véritable mythe de la « germanité ». Y voisinent
l'art flamand, les contes de Grimm, les romantiques allemands,
Novalis et Jean Paul, Hoffmann et Wagner, le Suédois Swe-
denborg, Thomas Carlyle, les préraphaélites, Rossetti, William

Morris, Walter Crane, mais aussi Thomas de Quincey et en particulier Walt Whitman. Le lien qui unit ces artistes au-delà de leur appartenance ethnique, c'est, selon lui, leur « don de sympathie », leur attitude « mystique », intuitive en face de la vie et de l'art, qu'il oppose à l'esprit cartésien, éduqué à dissocier, cloisonner et analyser.

Le 31 mai 1889, paraît le recueil des Serres chaudes, *chez Vanier, l'éditeur de Verlaine, en tout trente-trois poèmes, dont vingt-cinq en vers réguliers et huit en vers libres. Le livre est tiré à 155 exemplaires et illustré par sept bois de Georges Minne. Annoncé dès avril 1886 par* La Pléiade, *il devait d'abord s'intituler* Les Symboliques, *puis* Les Tentations. *Titre à lui seul évocateur des désarrois de l'âme, de la crise intérieure que vivait alors Maurice. Quant au titre définitif de* Serres chaudes, *il « s'imposa naturellement », se souvient celui-ci, « car Gand est une ville d'horticulture et surtout de floriculture et les serres, froides, tempérées et chaudes y abondent ».*

À l'époque, Maerterlinck s'était installé dans la propriété familiale d'Oostacker, au bord du canal où passaient les gros cargos reliant Gand à l'embouchure de l'Escaut. Charles Van Lerberghe, le familier, nous en apprend davantage sur le décor de la cellule où travaillait le poète : « ... des Odilon Redon sous des vitres vertes et des Walter Crane juxtaposés en une splendide et triomphale harmonie de couleurs sonores, de rouges feu, de verts émeraudes, d'oranges de couchants. L'on ne découvre rien d'autre qu'une petite reproduction de Breughel : La Dispute des Gras et des Maigres *;* Le Massacre des Innocents *et un ermite dans sa cellule d'après une miniature. » (Journal inédit).*

Serres chaudes ! À elle seule, cette analogie, lourde de connotations baudelairiennes, est une trouvaille. Spontanément, elle fait naître en nous l'image d'un monde clos, immobile et luxu-

riant à la fois. Par la magie du titre, nous entrons de plain-pied dans le mystère de la vie profonde dont « nul jusque-là dans la littérature moderne », souligne à juste titre Guy Michaud, « n'avait encore fait aussi bien sentir et comme toucher du doigt la présence ». L'intuition de l'inconnaissable, le pressentiment du moi transcendantal et de ses richesses, l'âme — désormais Maeterlinck détient la substance de son œuvre.

Certes, cette orientation vers l'occulte doit être replacée dans la crise morale que traversaient les poètes de Belgique aux alentours de 1889 et qu'Albert Mockel, avec l'acuité d'observateur qu'on lui sait, résume dans cette note : « Recherche de ce qui dissone dans la nature et la société », de « ce qui est malade ». Le mal de vivre taraude tous ces tempéraments flamands, de Verhaeren à Rodenbach en passant par Elskamp, naturellement portés à l'intériorité, au mysticisme. Chez eux l'héritage de Baudelaire et de Huysmans se mêle confusément à l'émotion religieuse qui émane des tableaux de leurs ancêtres, les Van Eyck, les Memling et les Van der Weyden ; il se confond au souvenir lointain de Ruysbroeck, l'ermite de la forêt de Soignes, associé lui-même à la présence toute proche encore des béguinages, lieux clos de silence et de recueillement au milieu des cités — autant d'espaces intérieurs protégés que bouleversent les visions insolites de Bruegel ou les images fantastiques des dévoiements, des folles anomalies peintes par Jérôme Bosch dans les Tentations de saint Antoine, tant admirées par Maeterlinck.

Dans sa belle étude sur Maurice Maeterlinck et le silence, Robert O. J. Van Nuffel constate qu'une analyse même superficielle révèle deux moments dans la composition du recueil. Les poèmes réguliers, en vers courts qui appartiennent à ce qu'il appelle « le mysticisme orthodoxe », où domine le sentiment religieux, chrétien, mélange d'espérance et de remords, d'appel à la miséricorde de Dieu ; les poèmes en vers libres, marqués par l'émancipation de toute contrainte normative — prosodie, mélodie — et par le choix d'un nouveau registre d'images. Remarquons pourtant ceci : si, d'une vision mystique

indiscutablement teintée de réminiscences catholiques qui s'ins-
crit dans les poèmes réguliers, Maeterlinck glisse vers la forme
du vers libre, plus apte à exprimer les visions qui l'obsèdent à
travers de véritables « éjaculations verbales », tous les poèmes de
Serres chaudes *sont autant d'approches de l'hémisphère caché*
et inconnu de lui-même, inaccessible à la psychologie tradition-
nelle. « L'abîme de l'âme » exalté par la mystique germanique
médiévale, le « moi transcendantal » novalisien, l'« incons-
cient » du philosophe allemand Ed. von Hartmann, que le pen-
seur évoquera plus tard dans Le Temple enseveli, *l'« infini »*
du romantisme allemand, sont bien autant de concepts, de
vocables, dans lesquels se reflète la même nostalgie d'accéder à
ce fonds commun au sein duquel chaque individu peut rejoin-
dre le circuit cosmique et s'y immerger. Voilà le nouveau conti-
nent que Maeterlinck a eu l'ambition de nous révéler dans les
Serres chaudes *où — paradoxe ! — le poème n'entend plus*
être que signe, celui de l'ineffable. Plus tard, l'auteur du Tré-
sor des humbles confirmera la fonction de ce que la poésie a
toujours été à ses yeux, dans cette belle sentence : « La poésie
suprême [...] n'a d'autre but que de tenir ouvertes les grandes
routes de ce qu'on voit à ce qu'on ne voit pas. »

À la lecture des Serres chaudes, *on est frappé par la*
succession d'images hétéroclites, insolites, absurdes. Le poème
s'impose à l'imagination comme un réseau touffu de visions
simultanées où le meneur de jeu juxtapose, accumule à sa
guise des êtres, des objets et des situations paradoxales, comme
si elles avaient été rêvées par un somnambule ; le tout ponctué
d'exclamations répétées, d'interjections et d'exhortations lour-
des d'angoisse. Étrange poésie ! Tout mouvement lyrique sem-
ble en être absent, empêché par l'utilisation de formes prosaï-
ques, quotidiennes, volontairement négligées. L'image et sa
luxuriante végétation y règnent en maîtresses. Images à tra-
vers lesquelles se lit l'incohérence de la vie : « un glacier au
milieu des prairies de Juillet » ; « un matelot dans le désert » ;
« une fête un dimanche de famine », etc., à moins que l'inco-
hérence du monde actuel ne parle d'elle-même dans l'évoca-

*tion de ces « paysans aux fenêtres de l'usine », de ce « jardi-
nier devenu tisserand », de ce « chasseur d'élans devenu infir-
mier », réminiscence de l'exode rural vers les cités tentacula-
res, ou encore du « château devenu hôpital », métamorphose
de la société. Autant de situations ambiguës, de réalités
menées jusqu'à l'inhabituel, signes des « choses qui ne sont pas
à leur place », dont le poète se sert au deuxième degré pour
suggérer les visions fantastiques qui l'assiègent, pour figurer
l'inquiétude qui le tenaille.*

 *L'étrangeté de ces associations ne doit pas nous faire oublier
l'aspect linguistique de cette poésie, non moins capital. C'est
dans l'utilisation de la langue et des mots qu'il faut chercher
l'apport peut-être le plus personnel de Maeterlinck à la poésie
moderne. Une seule remarque du traducteur à propos du style
de Ruysbroeck suffirait à témoigner de l'acuité de la réflexion
de Maeterlinck sur la fonction des mots et du langage. Elle
coïncide avec le moment où il écrivait les derniers poèmes en
vers libres des* Serres chaudes *: « Les mots ont été inventés
pour les usages ordinaires de la vie et ils sont malheureux,
inquiets et étonnés comme des vagabonds autour d'un trône
lorsque de temps en temps quelque âme royale les mène ail-
leurs. » (« Ruysbroeck l'Admirable », in :* La Revue générale,
*1889). Déclaration qui éclaire l'esthétique maeterlinckienne
dans ce qu'elle a de plus nouveau : l'utilisation par le poète qui
se fait « magicien » des mots quotidiens, ordinaires, délibéré-
ment combinés dans le but de suggérer l'ineffable, « l'inouï »
qui se cache derrière la façade du visible et d'aller à travers eux
au-delà de lui-même. Qui plus est, au contact de la prose du
mystique, Maeterlinck prend conscience du clivage entre la lan-
gue poétique et l'utilisation quotidienne, prosaïque du langage.
Il découvre, serait-on tenté de dire, cet « écart », cette manière
de dévier par rapport à la norme, caractéristique de la poésie,
que la linguistique moderne a eu le mérite de mettre en évi-
dence. Tout en lui découvrant l'indigence du langage, la lectu-
re du mystique flamand lui révèle la signification surréelle
d'un nouvel ordre linguistique, en même temps que la nécessité*

de renouveler l'usage des mots ordinaires « de manière à en faire apparaître les aspects inconnus et parfois effrayants » (« Ruysbroeck l'Admirable »).

Lorsque le poète parle de « l'âme pâle d'impuissance », de « blanches inactions » ou de « l'âme pâle de sanglots », il est bien clair que le langage ne correspond plus à l'usage normal du vocabulaire. Seul un emploi alogique peut libérer pleinement la charge émotionnelle contenue dans les mots, utilisés non plus dans un rapport objectif, mais strictement imaginatif et personnel. Ce phénomène apparaît là où Maeterlinck donne des couleurs délibérément subjectives à un objet, ainsi dans ces associations : « les fouets bleus de mes luxures », à un sentiment : « l'ennui bleu », « mes rêves bleus » ou quand il combine avec hardiesse des choses et des qualités appartenant à des registres sensoriels différents : « linges lents et bleus », « gestes bleus », etc., transposant à l'objet la couleur bleue, sa couleur de prédilection, qu'il réserve exclusivement au monde de l'âme, au souvenir et au rêve. De cette manière, certains mots qui ont pour Maeterlinck un attrait particulier, perdent leur signification rigoureusement objective pour éveiller les associations d'idées les plus personnelles.

Une analyse linguistique des Serres chaudes — si rapide soit-elle — confirmerait la thèse selon laquelle la valeur émotionnelle d'un poème croît en proportion inverse de sa compréhensibilité ou, pour parler en termes de linguistique, de sa signification notionnelle. En ce sens, la conception maeterlinckienne de l'analogie choisie pour son expressivité, signifiant d'un autre signifié, apparaît éminemment moderne.

Quant à l'emploi du vers libre, inspiré par Walt Whitman, il doit être replacé dans le contexte de la recherche d'une nouvelle esthétique adaptée à l'expression de l'irrationnel, subordonnée à l'efflorescence des images qui peuplent les Serres chaudes et auxquelles le rythme régulier sert encore de garde-fou dans les poèmes octosyllabiques. Et l'on est fondé à penser que l'auteur jugeant les règles de la versification comme autant d'obstacles, purement conventionnels, à suggérer la présence en nous de

*l'inouï, a préféré le vers libre. Celui-ci était plus apte à recevoir
la poussée des images, plus adéquat à la juxtaposition des analo-
gies qui se succèdent vers à vers, plus approprié à la matérialisa-
tion des incohérences et des hallucinations qui s'introduisent dans
la vie réelle, dont elles mettent en cause l'ordre et la stabilité.
Ainsi ce distique qui bouleversait si profondément le très jeune
Guillaume Apollinaire : « Attention ! l'ombre des grands voiliers
passe sur les dahlias des forêts sous-marines ; / Et je suis un
moment à l'ombre des baleines qui s'en vont vers le pôle ! » Refu-
sant d'être prisonnier d'un moule tout fait, le vers découvre à
chaque fois ses propres dimensions pour épouser comme d'instinct
la profondeur suggestive de l'image. En rejetant toute forme stro-
phique, le poète marque sa volonté de se mouvoir dans un espace
verbal dont il est lui-même le maître ; absence d'entraves, qui a
son analogie dans la liberté nécessaire à son déplacement à tra-
vers l'espace onirique. Désormais, c'est l'image qui impose au
poème son ordonnance ou, si l'on veut, sa structure.*

Le recueil des Serres chaudes *devait rester inconnu du
grand public. Le poète lui-même semble d'ailleurs s'être éloigné
assez vite de ses recherches en poésie. « Je sais maintenant que
j'en suis détaché, que mon volume* [Serres chaudes] *vaut peu
de choses après tout », écrit-il à Mockel le 27 juillet 1889.*

Relancées en France par les surréalistes, les Serres chaudes
*ont marqué l'histoire littéraire plus profondément qu'il n'est
admis généralement. Apollinaire s'est souvenu du vers déryth-
mé d'Hôpital. Blaise Cendrars et André Breton n'oublieront
pas la technique maeterlinckienne : le refus de la métrique clas-
sique au profit d'une prosodie nouvelle et d'une forme antipoé-
tique, les longues et monocordes énumérations, les répétitions
litaniques et surtout l'image fulgurante, dissonante, qui occupe
l'espace du vers tout entier. Quant aux symbolistes allemands,
Rilke et Hofmannsthal, et aux expressionnistes, qu'ils s'appel-
lent Trakl, G. Heym ou G. Benn, leur dette envers Maeterlinck
est loin d'être mince.*

En 1896, Maeterlinck qui était déjà un dramaturge célèbre, fait paraître le recueil des Douze Chansons, *devenues* Quinze *en* 1900. *De fait, l'intérêt pour la poésie populaire jalonne littéralement la carrière de l'écrivain, depuis* 1891, *date à laquelle paraît le texte* Vous avez allumé les lampes. À *l'âge de trente ans, Maeterlinck écrit* Neuf Chansons ; *à soixante-dix ans, il compose les* Treize Chansons de l'âge mûr, *selon le titre que leur donne Joseph Hanse. Notons que les premiers drames de Maeterlinck contiennent des intermèdes lyriques, sans pour autant que la chanson ait une existence exclusivement dépendante de la scène.*

En composant ses chansons, nul doute que le poète n'ait sacrifié au goût de l'époque, passionnée de vieilles complaintes. Verlaine n'avait-il pas montré la voie, suivi par Gustave Kahn, Paul Gérardy, Camille Mauclair, Jules Laforgue, Paul Fort et tant d'autres ? Assurément, il ne faut pas sous-estimer chez Maeterlinck l'influence du folklore, le goût très marqué du Flamand qu'il était pour les anciennes chansons populaires. Cette confidence faite cinquante ans après la publication des Chansons *en témoigne :*

— Où avez-vous eu l'idée de ces chansons ?
— Dans mon terroir flamand.
— Que voulez-vous dire ?
— Les vieilles chansons que me répétait ma mère étaient bâties, construites et pensées un peu sur le plan qui m'a inspiré.

Dans la chanson, il poursuit sa quête d'un art primitif et d'une expression qui répond aux mouvements spontanés, voire inconscients de l'imagination, qualités dont il avait eu la révélation chez Ruysbroeck et dans les littératures germaniques — par opposition aux procédés raisonnés d'un « art d'écrire ». Au sujet des Chansons, *il avouera pourtant un jour qu'il n'y avait « sous tout cela qu'une manière de jouer avec les mots harmonieux » (cité par Georgette Leblanc dans son livre* Souvenirs).

Et pourtant, à travers ses images nées aux confins de l'âme et du rêve, derrière les personnages de légende que la chanson met en scène, on rejoint les thèmes existentiels qui constituent le lyrisme maeterlinckien : le mystère, l'inquiétude face à l'inconnaissable et l'angoisse indicible devant le destin. Climat si proche du ton des contes et des ballades germaniques que Maeterlinck admirait ! La clef, la couronne, la lampe, la porte, la fenêtre, les chiffres trois et sept, tout est symbole et magie. Il n'est pas jusqu'au minéral qui ne figure dans sept chansons sur seize, l'or surtout, couleur solaire, quintessence cachée, mais aussi fabuleuse matière à rêver, selon les subtiles analyses de Gilbert Durand (source, anneau, couronne, lampe, bandeau et clef d'or). Comment ne pas adhérer au jugement d'Antonin Artaud qui, saluant dans le dramaturge le premier à avoir « introduit dans la littérature la richesse multiple de la subconscience », voit les Douze Chansons *comme un « élargissement méthodique de la vision symbolique du monde » de Maeterlinck ?*

En dépit de l'importance des Serres chaudes *pour l'histoire littéraire, Maurice Maeterlinck reste avant tout le créateur de* Pelléas et Mélisande *(1892), mieux connu d'ailleurs à travers le drame lyrique de Debussy, et l'auteur de* La Vie des abeilles *(1901), dont le prix Nobel vint consacrer la gloire en 1911.*

Août 1889. Maeterlinck publie La Princesse Maleine *à trente exemplaires hors commerce chez Louis Van Melle à Gand. Un exemplaire est envoyé à Stéphane Mallarmé. Celui-ci en recommande chaleureusement la lecture à Octave Mirbeau, qui écrit dans* Le Figaro *du 24 août 1890 un article dithyrambique sur la pièce : « Monsieur Maurice Maeterlinck nous a donné l'œuvre la plus géniale de ce temps et la plus extraordinaire et la plus naïve aussi, comparable — et oserai-je le dire — supérieure en beauté à ce qu'il y a de plus beau dans Shakespeare. Cette œuvre s'appelle* La Princesse Maleine. *»*

*La Belgique n'avait pas attendu l'éloge de la critique fran-
çaise pour célébrer le génie du Gantois. Dès le 27 novembre
1889, Emile Verhaeren rend hommage à l'extraordinaire ori-
ginalité de* La Princesse Maleine *dans* L'Art moderne :
« *Nulle part ailleurs chez nous, à un pareil degré, une telle
indépendance du convenu, un tel fiévreux désir de sortir des
servitudes* » ; *tandis que dans* La Jeune Belgique *de décem-
bre, Iwan Gilkin exalte la nouveauté de l'œuvre* « *qui doit
marquer une date dans l'histoire du théâtre contemporain* »
(*citations d'après Joseph Hanse,* Histoire d'une gloire). *Les
milieux littéraires de Belgique cachent à peine leur satisfaction
que ce soit un des leurs qui apporte du nouveau à la poésie et
au théâtre français !* « *Désormais, la preuve est faite, il y a un
théâtre symboliste* », *lance de son côté Adolphe Retté dans* Art
et critique *de janvier 1890, précédant le fameux article d'Oc-
tave Mirbeau. Et pourtant, malgré cet accueil favorable, per-
sonne ne s'avise de jouer la pièce — en plein triomphe du
Boulevard, il est vrai ! Antoine lui-même recule devant l'aven-
ture. L'auteur n'a-t-il pas déclaré* « *avoir écrit la chose pour un
théâtre de marionnettes* » ?*

Certes, La Princesse Maleine *bouleverse de fond en comble
la convention théâtrale : argument insignifiant, absence d'ac-
tion, inconsistance des personnages qui évoluent dans un uni-
vers onirique, hors du temps et de la géographie quotidienne,
dialogue réduit à l'extrême — un théâtre, où la psychologie a
cédé le pas à l'inquiétude métaphysique, où la peur de l'incon-
nu et le mystère de la subconscience se substituent* « *à l'éternel
combat de la passion et du devoir* » *—, de l'antithéâtre avant
la lettre, dont la modernité n'avait pas échappé au flair d'An-
tonin Artaud.*

À l'époque où il écrit La Princesse Maleine — *la première
rédaction était en vers, à ce qu'il paraît —, nul doute que
Maeterlinck ne recherche une formule dramatique. Celle-ci sera
à l'antipode du drame romantique oratoire, agité, irréel et de
la tragédie classique, de ces* « *drames où l'on voit l'intégral
développement d'un caractère ou d'une passion, entretenu,*

assuré et élevé comme une plante très sage entourée d'inflexibles tuteurs » (Cahier bleu). *Face au succès foudroyant de la pièce, le jeune dramaturge réagit avec réserve, répétant à qui veut l'entendre que son théâtre n'est pas destiné au spectacle. Sa conception du drame ne repose-t-elle pas sur un paradoxe, puisqu'il se propose de « faire descendre dans la vie réelle [...] l'idée qu'il [le poète dramatique] se fait de l'inconnu », de représenter au théâtre, ce lieu où l'on voit, l'invisible, l'action « des principes infinis, dont, en tant que poète, il est persuadé que l'univers est plein »* (Préface au Théâtre) ? *Pour lui, « tout chef-d'œuvre est un symbole et le symbole ne supporte jamais la présence active de l'homme ». Il pense même qu'il « faudrait peut-être écarter entièrement l'être vivant de la scène »* (Menus Propos-Le Théâtre), *car ce n'est pas l'homme qui compte, mais le mystère, l'inintelligible, l'infini.*

De fait, le Gantois est un fervent admirateur de Shakespeare. Les élisabéthains le fascinent, Thomas Dekker, Thomas Heywood, Cyril Tourneur, dont le théâtre lui « semble taillé dans une mine de houille, où les acteurs sont des flammes rouges qui lèchent les parois » ; John Webster « où tous les personnages ne parlent qu'en images » (Cahier bleu). *Encore sous le choc de l'œuvre de Ruysbroeck qu'il compare à un « verre grossissant appliqué sur la ténèbre et le silence », frappé par l'accent que le mystique flamand a su donner aux mots quotidiens, par « cette étrange insistance sur certains mots ordinaires » (« Ruysbzoeck l'Admirable »), Maeterlinck ne conçoit pas de théâtre « sans arrière-plan profond », sans ce qu'il appelle « le principe invisible », dont il déplore l'absence dans le théâtre classique français, même chez Racine. La tradition picturale sensualiste et mystique des Primitifs flamands auxquels il se sent uni par un lien de consanguinité profonde, le conforte encore davantage dans cette recherche ; ébloui qu'il est par le monde peuplé d'images des Van Eyck, Hugo van der Goes et Hans Memling ou par les visions hallucinatoires de Jérôme Bosch. S'ajoute la séduction qu'exercent sur le futur dramaturge, qui lit beaucoup alors, les contes populaires des frères Grimm (ceux de Perrault, il les juge trop avertis).* « *Ces contes de fées allemands* », consi-gne-t-il dans son Cahier bleu, « *semblent la tapisserie de la vie, vue à l'endroit, avec toutes les forces et les causes réelles, inconnues dans les autres histoires, qui ne sont que l'envers de Dieu.* » À ses yeux, le conte c'est le poème populaire de l'unité cosmique où l'homme, l'animal, la plante, les choses, les sons et les couleurs circulent, correspondent et s'échangent dans une immense et mystérieuse symbiose, mais c'est aussi un symbole existentiel.

Maeterlinck vient de découvrir la sève nourricière de son inspiration. Il lui restera fidèle de La Princesse Maleine à L'Oiseau bleu *(1908).* C'est sur la trame de la légende ou du mythe qu'est tissée son œuvre dramatique tout entière. La forme légendaire n'est-elle pas la mieux adaptée à l'évocation de per-sonnages élémentaires que l'on peut charger d'ambitions méta-physiques et n'est-ce pas sous cette forme que le mystère a le plus de séduction ? À cette veine-là, il faut rattacher la plupart de ces pièces : Pelléas et Mélisande *(1892),* La Mort de Tinta-giles *(1894),* Alladine et Palomides *(1894),* Aglavaine et Sélysette *(1896),* Sœur Béatrice, *brodée sur un conté du Suisse Gottfried Keller,* Ariane et Barbe-bleue, *sans oublier* Les Sept Princesses *(1891).*

J.-M. Carré a dégagé les deux influences qui se sont conju-guées dans La Princesse Maleine *(*Maeterlinck et les litté-ratures étrangères, *1926) :* « L'auteur », *note-t-il,* « em-prunte en partie son sujet au Kinder und Hausmärchen *des frères* Grimm *et son atmosphère au drame de* Shakespeare. » *Effectivement, Maeterlinck a puisé dans le conte de Meldorf qui s'intitule* Jungfrau Maleen, *la conduite de l'action, à l'exclu-sion du dénouement tragique de la pièce qui contraste avec la joie finale du* Märchen *dans lequel les deux amants se retrou-vent unis pour la vie.*

L'exposition du drame, la rivalité entre deux royaumes bar-bares transposés dans une Hollande légendaire, l'enfermement sept ans durant de Maleine avec sa nourrice dans une tour, la stupeur des recluses devant la désolation du pays ravagé par la guerre, leur déguisement (fille de cuisine chez Grimm, Maleine devient, dans le drame, suivante de la princesse Uglyane, nouvelle fiancée du prince Hjalmar), tous ces motifs sont empruntés au conte de Grimm. Mais tandis que le Märchen ménage adroitement la substitution des deux fiancées et la véritable identité de Maleine, Maeterlinck construit un dénouement macabre très shakespearien, où Maleine est empoisonnée lentement par la reine Anne, puis étranglée dans une nuit de tempête.

L'influence de Shakespeare sur la pièce est aisément reconnaissable. Des noms : Hjalmar rappelle étrangement Hamlet, le vieux roi Marcellus fait penser à Lear, Vanox est un cousin germain du Lenox de Shakespeare ; des situations : ainsi la première scène de La Princesse Maleine, apparentée à la scène d'ouverture d'Hamlet ; des procédés, tel celui qui consiste à juxtaposer des scènes où l'on passe de la lumière à l'obscurité, des jardins du château, d'une rue de village à la forêt, à une tour ou au cimetière. Quant à l'atmosphère d'effroi qui baigne la pièce d'un bout à l'autre, elle évoque irrésistiblement Shakespeare.

Et pourtant La Princesse Maleine est bien plus que cette « Shakespitrerie », dont l'auteur lui-même ne tarde pas à se moquer peu après l'article retentissant de Mirbeau dans une lettre à Grégoire Le Roy du 4 octobre 1890. Au-delà des influences, peut-être encore mal assimilées dans ce premier drame, on décèle des traits, qui appartiennent en propre à l'écrivain gantois. Ce sont d'abord les problèmes existentiels, obsédants depuis les Serres chaudes, et qui continueront de nourrir le théâtre maeterlinckien après La Princesse Maleine : l'angoisse métaphysique et l'idée de la fatalité, l'impossibilité d'accéder à l'amour et au bonheur, l'obsession de l'inconnu et du mystère et par-dessus tout : « la présence infinie, ténébreuse, hypocritement active de la mort » (Préface au Théâtre).

La véritable innovation de Maeterlinck, c'est d'avoir intériorisé en quelque sorte la fatalité qui pèse sur la princesse Maleine en tissant de subtiles correspondances entre les êtres et l'univers, qui devient le miroir dans lequel s'esquisse peu à peu et se reflète le destin des âmes. Ne nous y trompons pas ! La croyance selon laquelle l'univers où nous baignons est un tissu vivant, où se produisent des échanges dont nous ne prenons pas conscience, le pressentiment de l'unité du monde, ces notions héritées de la cosmologie occultiste constituent le sol nourricier des images insolites, dont le théâtre maeterlinckien tout entier est littéralement tissé. Un véritable cordon ombilical relie intimement l'œuvre du dramaturge au Maeterlinck, passionné de théologie mystique et d'occultisme. Des ouvrages tels que Le Grand Secret *(1921)*, La Grande Féerie *(1929)*, L'Autre Monde ou le cadran stellaire *(1942)* constituent les étapes de cette réflexion, dont on peut saisir le germe dès l'article sur Ruysbroeck paru dans La Revue générale.

Et si nous avons quelque peine à nous représenter Maleine, tremblante et imprécise, ou à nous figurer les personnages du drame que l'auteur a voulu comparables à des « somnambules un peu sourds, constamment arrachés à un rêve pénible », en revanche nous avons pressenti immédiatement la présence cachée de la mort et le poids de la fatalité qui pèse sur la fragile Maleine. Le drame intérieur nous est suggéré à travers une progression savamment ménagée par des pressentiments, qui d'une inquiétude deviennent une certitude inéluctable. Les astres (comète, pluie d'étoiles, lune rouge), la tour, la forêt (rencontre insolite des trois mendiants), le jet d'eau qui sanglote, préludent à la mort menaçante. Le fou qui creuse des fosses dans les vergers, les sept béguines dans le brouillard, les feux follets rôdant autour du château « vénéneux », ne sont en fait que la préfiguration de l'empoisonnement lent de la princesse, tandis que le déchaînement du cyclone, l'arrivée du grand navire noir dans le port, l'éclipse de lune ou la sanglante clarté qui inonde le roi et la reine devant les courtisans, annoncent immanquablement le drame final.

Ces signes prémonitoires jalonnent littéralement l'action, quand ils ne se substituent pas à elle au point que l'on peut y suivre en filigrane le déroulement du drame. Toutes les fluc-

tuations dans la nature, tous les jeux de l'atmosphère, tous les avertissements des êtres et des choses sont lourds d'un symbolisme qui repose sur une osmose complète entre les âmes et l'univers. De là, naît une émotion envoûtante faite d'attente et d'angoisse devant l'inconnu, dont la formule appartient en propre à Maeterlinck. Cette «harmonie épouvantée et sombre» que l'auteur reconnaît comme la seule qualité de ses drames, est soutenue par une phrase très dense, en dépit ou à cause des naïvetés qu'elle contient, sobre, concise. Maeterlinck s'appuie sur un dialogue, qui traduit paradoxalement sa méfiance à l'égard des mots, persuadé qu'il est que les mots «n'expriment jamais les relations réelles et spéciales qu'il y a entre deux êtres» (Le Trésor des humbles, Le Silence). *Le dialogue y a pour fonction de suggérer le sous-entendu qui se cache derrière la façade des paroles. Comme dans les* Serres chaudes, *l'art subtil de Maeterlinck dramaturge consiste à creuser l'écart entre le sens quotidien du mot et la puissance suggestive, la résonance infinie que le mot porte en lui.*

La Princesse Maleine *banc d'essai du théâtre maeterlinckien ? Assurément — il n'est pas audacieux de dire que le dramaturge y a découvert sa manière, à laquelle il doit d'être entré dans la littérature française par la porte royale. Une constatation s'impose : le théâtre de Maeterlinck représente une étape de l'histoire littéraire de la France. Sans conteste, le Belge est celui qui a achevé de libérer le drame des règles de la convention. Il renonce à l'anecdote, limite les passions, réduit à l'extrême la psychologie des personnages et le dialogue, en mettant l'éclairage sur la vie profonde de l'âme, réalisant ainsi son ambition : restaurer «la densité mystique de l'œuvre d'art»* (Menus Propos), *«donner au théâtre ce nuage des cimes, ce courant d'infini» dont il déplorait la disparition sur la scène depuis la tragédie antique. En retour, «l'intuition» et «la sympathie» que le dramaturge réclame comme les critères de toute création littéraire authentique, deviennent les qualités indispensables pour lire et goûter ses œuvres.*

« Plus un lecteur a de la science, plus il admire Maeterlinck, car il y trouve ce qu'avec tout son savoir il sait en pouvoir attendre : la poésie. » Le naturaliste Jean Rostand ne pouvait rendre plus bel hommage aux livres que le Gantois a consacrés à l'histoire naturelle, de L'Intelligence des fleurs *(1907)* à La Vie des fourmis *(1930)*, en passant par la très célèbre Vie des abeilles *(1901)*. Ouvrages difficiles à classer, auxquels il faut joindre les essais où Maeterlinck s'interroge sur la vie de l'univers et les régions frontières aux limites de la connaissance, La Vie de l'espace *(1928)*, La Grande Féerie *(1929)*, etc. Ces lignes qui préludent à sa méditation sur L'Intelligence des fleurs *nous éclairent sur les dispositions dans lesquelles le poète, qui fut toujours passionné de botanique, a approché les niveaux les plus bas de l'échelle de vie, le végétal et l'animal, en quête des intentions de la nature.*

Je n'ai fait aucune découverte, et mon modeste apport se réduit à quelques observations élémentaires. Je n'ai pas, cela va sans dire, l'intention de passer en revue toutes les preuves d'intelligence que nous donnent les plantes. Ces preuves sont innombrables, continuelles, surtout parmi les fleurs, où se concentre l'effort de la vie végétale vers la lumière et vers l'esprit.

Les scientifiques ont jugé parfois les livres de Maeterlinck avec sévérité en leur appliquant leur unité de mesure de spécialistes. Il faut voir dans ces essais plutôt le prolongement de la grande enquête sur l'homme, la vie et l'univers, commencée dès Le Trésor des humbles. *C'est la même foi spiritualiste, puisée dans les doctrines mystiques, rejointe chez les « philosophes de la nature » et les occultistes dont* Le Grand Secret *(1921) nous livre les étapes, qui sous-tend l'observation scientifique. Au siècle de la science, Maeterlinck continue de croire à la symbiose universelle, à l'unité vivante du monde, traversée par les manifestations de l'intelligence, « une intelligence éparse, générale, une sorte de fluide universel qui pénètre diversement, selon qu'ils sont bons ou mauvais conducteurs de l'esprit, les organismes qu'il rencontre »* (L'Intelligence des fleurs*). L'ob- servateur des abeilles n'est guère différent du penseur qui n'a jamais cessé d'être à l'écoute de l'univers qu'il voit comme un réseau infini de correspondances, un perpétuel échange de reflets que se renvoient le microcosme et le macrocosme.*

Assurément, l'examen patient de la vie des insectes ou l'ex- ploration de la quatrième dimension, ont éloigné Maeterlinck de lui-même. Et en face de la ruche, celui-ci fait une découver- te : celle de la solidarité, de l'admirable dévouement à la chose publique, du sacrifice à l'avenir de la communauté, accompli en vertu d'une loi fatale. Car il ne cesse de s'interroger : « Mais quel est donc le but de ce grand but et la mission de cette existence éternellement renouvelée ? » (La Vie des abeilles*).*

Relativité affligeante de notre pensée conceptuelle et de nos connaissances, perplexité en face de l'énigme de la vie où l'homme et l'animal sont à égalité — l'inquiétude a servi de levain à l'œuvre maeterlinckienne d'un bout à l'autre. Les poè- mes, le théâtre et les essais en sont ici la figuration poétique, symbolique, là l'approximation philosophique.

Le symbolisme de Maeterlinck ? Il n'est ni un décor ni une étiquette littéraire. Il tire sa sève d'une intuition intensément vécue et qui ne s'est jamais affaiblie en lui, celle de l'Unité fondamentale, du cycle infini de la nature où toute existence individuelle naît et disparaît et n'a de sens que par sa subordi- nation au grand Tout : « Matière, esprit, c'est de l'eau bleue ou de l'eau rouge, la couleur diffère, mais c'est toujours de l'eau », note-t-il dans Le Sablier. *Est-il meilleure définition de l'atti- tude symboliste que celle-là ?*

PAUL GORCEIX

Nous avons suivi ici l'édition de 1955, intitulée *Serres chaudes - Chansons complètes*, (Librairie Les Lettres, Paris). Cette édition ne reproduit que *Quinze Chansons* et non

l'ensemble des *Chansons* écrites par Maurice Maeter-
linck, comme le titre l'indique de manière inexacte. Les
Quinze Chansons figurent dans les différentes éditions de
1900, 1906, 1910, 1912, 1927 et de 1947.

Quant au texte de *La Princesse Maleine*, nous avons
utilisé l'édition de 1929 : *Théâtre*, 3 volumes, Fasquelle,
Paris, tome premier. Nous donnons en annexe la préfa-
ce que Maeterlinck rédigea pour la première édition de
son *Théâtre*, parue chez Lacomblez, à Bruxelles, en
1901.

Serres chaudes

SERRE CHAUDE

Ô serre au milieu des forêts !
Et vos portes à jamais closes !
Et tout ce qu'il y a sous votre coupole !
Et sous mon âme en vos analogies !

Les pensées d'une princesse qui a faim,
L'ennui d'un matelot dans le désert,
Une musique de cuivre aux fenêtres des incurables.

Allez aux angles les plus tièdes !
On dirait une femme évanouie un jour de moisson ;
Il y a des postillons dans la cour de l'hospice ;
Au loin, passe un chasseur d'élans, devenu infirmier.

Examinez au clair de lune !
(Oh rien n'y est à sa place !)
On dirait une folle devant les juges,
Un navire de guerre à pleines voiles sur un canal,
Des oiseaux de nuit sur des lys,
Un glas vers midi,
(Là-bas sous ces cloches !)
Une étape de malades dans la prairie,
Une odeur d'éther un jour de soleil.

Mon Dieu ! mon Dieu ! quand aurons-nous la pluie,
Et la neige et le vent dans la serre !

ORAISON

Ayez pitié de mon absence
Au seuil de mes intentions !
Mon âme est pâle d'impuissance
Et de blanches inactions.

Mon âme aux œuvres délaissées,
Mon âme pâle de sanglots
Regarde en vain ses mains lassées
Trembler à fleur de l'inéclos.

Et tandis que mon cœur expire
Les bulles des songes lilas,
Mon âme, aux frêles mains de cire,
Arrose un clair de lune las ;

Un clair de lune où transparaissent
Les lys jaunis des lendemains ;
Un clair de lune où seules naissent
Les ombres tristes de mes mains.

SERRE D'ENNUI

Ô cet ennui bleu dans le cœur !
Avec la vision meilleure,
Dans le clair de lune qui pleure,
De mes rêves bleus de langueur !

Cet ennui bleu comme la serre,
Où l'on voit closes à travers
Les vitrages profonds et verts,
Couvertes de lune et de verre,

Les grandes végétations
Dont l'oubli nocturne s'allonge,
Immobilement comme un songe,
Sur les roses des passions ;

Où de l'eau très lente s'élève,
En mêlant la lune et le ciel
En un sanglot glauque éternel,
Monotonement comme un rêve.

TENTATIONS

Ô les glauques tentations
Au milieu des ombres mentales,
Avec leurs flammes végétales
Et leurs éjaculations

Obscures de tiges obscures,
Dans le clair de lune du mal,
Eployant l'ombrage automnal
De leurs luxurieux augures !

Elles ont tristement couvert,
Sous leurs muqueuses enlacées
Et leurs fièvres réalisées,
La lune de leur givre vert.

Et leur croissance sacrilège,
Entr'ouvrant ses désirs secrets,
Est morne comme les regrets
Des malades sur de la neige.

Sous les ténèbres de leur deuil,
Je vois s'emmêler les blessures
Des glaives bleus de mes luxures
Dans les chairs rouges de l'orgueil.

Seigneur, les rêves de la terre
Mourront-ils enfin dans mon cœur !
Laissez votre gloire, Seigneur,
Éclairer la mauvaise serre,

Et l'oubli vainement cherché !
Les feuilles mortes de leurs fièvres,
Les étoiles entre leurs lèvres,
Et les entrailles du péché !

CLOCHES DE VERRE

Ô cloches de verre !
Étranges plantes à jamais à l'abri !
Tandis que le vent agite mes sens au dehors !
Toute une vallée de l'âme à jamais immobile !
Et la tiédeur enclose vers midi !
Et les images entrevues à fleur du verre !

N'en soulevez jamais aucune !
On en a mis plusieurs sur d'anciens clairs de lune.
Examinez à travers leurs feuillages :
Il y a peut-être un vagabond sur le trône,
On a l'idée que des corsaires attendent sur l'étang,
Et que des êtres antédiluviens vont envahir les villes.

On en a placé sur d'anciennes neiges.
On en a placé sur de vieilles pluies.
(Ayez pitié de l'atmosphère enclose !)
J'entends célébrer une fête un dimanche de famine,
Il y a une ambulance au milieu de la moisson,
Et toutes les filles du roi errent, un jour de diète, à tra-
    vers les prairies !

Examinez surtout celles de l'horizon !
Elles couvrent avec soin de très anciens orages.

Oh ! Il doit y avoir quelque part une énorme flotte sur
    un marais !
Et je crois que les cygnes ont couvé des corbeaux !
(On entrevoit à peine à travers les moiteurs)

Une vierge arrose d'eau chaude les fougères,
Une troupe de petites filles observe l'ermite en sa cel-
    lule,
Mes sœurs sont endormies au fond d'une grotte véné-
    neuse !

Attendez la lune et l'hiver,
Sur ces cloches éparses enfin sur la glace !

OFFRANDE OBSCURE

J'apporte mon mauvais ouvrage
Analogue aux songes des morts,
Et la lune éclaire l'orage
Sur la faune de mes remords :

Les serpents violets des rêves
Qui s'enlacent dans mon sommeil,
Mes désirs couronnés de glaives,
Des lions noyés au soleil,

Des lys au fond des eaux lointaines
Et des mains closes sans retour,
Et les tiges rouges des haines
Entre les deuils verts de l'amour.

Seigneur, ayez pitié du verbe !
Laissez mes mornes oraisons
Et la lune éparse dans l'herbe
Faucher la nuit aux horizons !

FEUILLAGE DU CŒUR

Sous la cloche de cristal bleu
De mes lasses mélancolies,
Mes vagues douleurs abolies
S'immobilisent peu à peu :

Végétations de symboles,
Nénuphars mornes des plaisirs,
Palmes lentes de mes désirs,
Mousses froides, lianes molles.

Seul, un lys érige d'entre eux,
Pâle et rigidement débile,
Son ascension immobile
Sur les feuillages douloureux,

Et dans les lueurs qu'il épanche
Comme une lune, peu à peu,
Élève vers le cristal bleu
Sa mystique prière blanche.

ÂME CHAUDE

Ô mes yeux que l'ombre élucide
À travers mes désirs divers,
Et mon cœur aux rêves ouverts,
Et mes nuits dans mon âme humide !

J'ai trempé dans mon esprit bleu
Les roses des attentes mortes ;
Et mes cils ont fermé les portes
Sur des vœux qui n'auront plus lieu.

Mes doigts, aux pâles indolences
Élèvent en vain, chaque soir,
Les cloches vertes de l'espoir
Sur l'herbe mauve des absences.

Et mon âme impuissante a peur
Des songes aigus de ma bouche,
Au milieu des lys que j'attouche ;
Éclipse aux moires de mon cœur !...

ÂME

Mon âme !
Ô mon âme vraiment trop à l'abri !
Et ces troupeaux de mes désirs dans une serre !
Attendant une tempête sur les prairies !

Allons vers les plus malades :
Ils ont d'étranges exhalaisons.
Au milieu d'eux, je traverse un champ de bataille avec
  ma mère.
On enterre un frère d'armes à midi,
Tandis que les sentinelles prennent leur repas.

Allons aussi vers les plus faibles :
Ils ont d'étranges sueurs ;
Voici une fiancée malade,
Une trahison le dimanche
Et des petits enfants en prison.
(Et plus loin, à travers la vapeur,)
Est-ce une mourante à la porte d'une cuisine ?
Ou une sœur épluchant des légumes au pied du lit d'un
  incurable ?

Allons enfin vers les plus tristes :
(En dernier lieu, car ils ont des poisons.)
Oh ! mes lèvres acceptent les baisers d'un blessé !

Toutes les châtelaines sont mortes de faim, cet été, dans
   les tours de mon âme !

Voici le petit jour qui entre dans la fête !
J'entrevois des brebis le long des quais,
Et il y a une voile aux fenêtres de l'hôpital.

Il y a un long chemin de mon cœur à mon âme !
Et toutes les sentinelles sont mortes à leur poste !

Il y eut un jour une pauvre petite fête dans les fau-
   bourgs de mon âme !
On y fauchait la ciguë un dimanche matin ;
Et toutes les vierges du couvent regardaient passer les
   vaisseaux sur le canal, un jour de jeûne et de soleil.
Tandis que les cygnes souffraient sous un pont véné-
   neux ;
On émondait les arbres autour de la prison,
On apportait des remèdes une après-midi de Juin,
Et des repas de malades s'étendaient à tous les hori-
   zons !

Mon âme !
Et la tristesse de tout cela, mon âme ! et la tristesse de
   tout cela !

LASSITUDE

Ils ne savent plus où se poser ces baisers,
Ces lèvres sur des yeux aveugles et glacés ;
Désormais endormis en leur songe superbe,
Ils regardent rêveurs comme des chiens dans l'herbe,
La foule des brebis grises à l'horizon,
Brouter le clair de lune épars sur le gazon,
Aux caresses du ciel, vague comme leur vie ;
Indifférents et sans une flamme d'envie,
Pour ces roses de joie écloses sous leurs pas ;
Et ce long calme vert qu'ils ne comprennent pas.

CHASSES LASSES

Mon âme est malade aujourd'hui,
Mon âme est malade d'absences,
Mon âme a le mal des silences,
Et mes yeux l'éclairent d'ennui.

J'entrevois d'immobiles chasses,
Sous les fouets bleus des souvenirs,
Et les chiens secrets des désirs,
Passent le long des pistes lasses.

À travers de tièdes forêts,
Je vois les meutes de mes songes,
Et vers les cerfs blancs des mensonges,
Les jaunes flèches des regrets.

Mon Dieu, mes désirs hors d'haleine,
Les tièdes désirs de mes yeux,
Ont voilé de souffles trop bleus
La lune dont mon âme est pleine.

FAUVES LAS

Ô les passions en allées
Et les rires et les sanglots !
Malades et les yeux mi-clos
Parmi les feuilles effeuillées,

Les chiens jaunes de mes péchés,
Les hyènes louches de mes haines,
Et sur l'ennui pâle des plaines
Les lions de l'amour couchés !

En l'impuissance de leur rêve
Et languides sous la langueur
De leur ciel morne et sans couleur,
Elles regarderont sans trêve

Les brebis des tentations
S'éloigner lentes, une à une,
En l'immobile clair de lune,
Mes immobiles passions.

ORAISON

Mon âme a peur comme une femme,
Voyez ce que j'ai fait, Seigneur,
De mes mains, les lys de mon âme,
De mes yeux, les cieux de mon cœur !

Ayez pitié de mes misères !
J'ai perdu la palme et l'anneau ;
Ayez pitié de mes prières,
Faibles fleurs dans un verre d'eau.

Ayez pitié du mal des lèvres,
Ayez pitié de mes regrets,
Semez des lys le long des fièvres
Et des roses sur les marais.

Mon Dieu ! d'anciens vols de colombes
Jaunissent le ciel de mes yeux,
Ayez pitié du lin des lombes
Qui m'entoure de gestes bleus !

HEURES TERNES

Voici d'anciens désirs qui passent,
Encor des songes de lassés,
Encor des rêves qui se lassent ;
Voilà les jours d'espoir passés !

En qui faut-il fuir aujourd'hui !
Il n'y a plus d'étoile aucune :
Mais de la glace sur l'ennui
Et des linges bleus sous la lune.

Encor des sanglots pris au piège !
Voyez les malades sans feu,
Et les agneaux brouter la neige ;
Ayez pitié de tout, mon Dieu !

Moi, j'attends un peu de réveil,
Moi, j'attends que le sommeil passe,
Moi, j'attends un peu de soleil
Sur mes mains que la lune glace.

ENNUI

Les paons nonchalants, les paons blancs ont fui,
Les paons blancs ont fui l'ennui du réveil ;
Je vois les paons blancs, les paons d'aujourd'hui,
Les paons en allés pendant mon sommeil,
Les paons nonchalants, les paons d'aujourd'hui,
Atteindre indolents l'étang sans soleil,
J'entends les paons blancs, les paons de l'ennui,
Attendre indolents les temps sans soleil.

HÔPITAL

Hôpital ! hôpital au bord du canal !
Hôpital au mois de Juillet !
On y fait du feu dans la salle !
Tandis que les transatlantiques sifflent sur le canal !

(Oh ! n'approchez pas des fenêtres !)
Des émigrants traversent un palais !
Je vois un yacht sous la tempête !
Je vois des troupeaux sur tous les navires !
(Il vaux mieux que les fenêtres restent closes,
On est presque à l'abri du dehors.)
On a l'idée d'une serre sur la neige,
On croit célébrer des relevailles un jour d'orage,
On entrevoit des plantes éparses sur une couverture de
    laine,
Il y a un incendie un jour de soleil,
Et je traverse une forêt pleine de blessés.

Oh ! voici enfin le clair de lune !

Un jet d'eau s'élève au milieu de la salle !
Une troupe de petites filles entr'ouvre la porte !
J'entrevois des agneaux dans une île de prairies !
Et de belles plantes sur un glacier !

Et des lys dans un vestibule de marbre !
Il y a un festin dans une forêt vierge !
Et une végétation orientale dans une grotte de glace !

Écoutez ! on ouvre les écluses !
Et les transatlantiques agitent l'eau du canal !

Voyez la sœur de charité qui attise le feu !

Tous les beaux roseaux verts des berges sont en flam-
   me !
Un bateau de blessés ballotte au clair de lune !
Toutes les filles du roi sont dans une barque sous
   l'orage !
Et les princesses vont mourir en un champ de ciguës !

Oh ! n'entrouvrez pas les fenêtres !
Écoutez : les transatlantiques sifflent encore à l'hori-
   zon !

On empoisonne quelqu'un dans un jardin !
Ils célèbrent une grande fête chez les ennemis !
Il y a des cerfs dans une ville assiégée !
Et une ménagerie au milieu des lys !
Il y a une végétation tropicale au fond d'une houil-
   lère !
Un troupeau de brebis traverse un pont de fer !
Et les agneaux de la prairie entrent tristement dans la
   salle !

Maintenant la sœur de charité allume les lampes,
Elle apporte le repas des malades,
Elle a clos les fenêtres sur le canal,
Et toutes les portes au clair de lune.

ORAISON NOCTURNE

En mes oraisons endormies
Sous de languides visions,
J'entends jaillir les passions
Et des luxures ennemies.

Je vois un clair de lune amer
Sous l'ennui nocturne des rêves ;
Et sur de vénéneuses grèves,
La joie errante de la chair.

J'entends s'élever dans mes moelles
Des désirs aux horizons verts,
Et sous des cieux toujours couverts,
Je souffre une soif sans étoiles !

J'entends jaillir dans ma raison
Les mauvaises tendresses noires ;
Je vois des marais illusoires
Sous une éclipse à l'horizon !

Et je meurs sous votre rancune !
Seigneur, ayez pitié, Seigneur,
Ouvrez au malade en sueur
L'herbe entrevue au clair de lune !

Il est temps, Seigneur, il est temps
De faucher la ciguë inculte !
À travers mon espoir occulte
La lune est verte de serpents !

Et le mal des songes afflue
Avec ses péchés en mes yeux,
Et j'écoute des jets d'eau bleus
Jaillir vers la lune absolue !

DÉSIRS D'HIVER

Je pleure les lèvres fanées
Où les baisers ne sont pas nés,
Et les désirs abandonnés
Sous les tristesses moissonnées.

Toujours la pluie à l'horizon !
Toujours la neige sur les grèves !
Tandis qu'au seuil clos de mes rêves,
Des loups couchés sur le gazon,

Observent en mon âme lasse,
Les yeux ternis dans le passé,
Tout le sang autrefois versé
Des agneaux mourants sur la glace.

Seule la lune éclaire enfin
De sa tristesse monotone,
Où gèle l'herbe de l'automne,
Mes désirs malades de faim.

RONDE D'ENNUI

Je chante les pâles ballades
Des baisers perdus sans retour !
Sur l'herbe épaisse de l'amour
Je vois des noces de malades.

J'entends des voix dans mon sommeil
Si nonchalamment apparues !
Et des lys s'ouvrent en des rues
Sans étoiles et sans soleil.

Et ces élans si lents encore
Et ces désirs que je voulais,
Sont des pauvres dans un palais,
Et des cierges las dans l'aurore.

J'attends la lune dans mes yeux
Ouverts au seuil des nuits sans trêves,
Afin qu'elle étanche mes rêves
Avec ses linges lents et bleus.

AMEN

Il est l'heure enfin de bénir
Le sommeil éteint des esclaves,
Et j'attends ses mains à venir
En roses blanches dans les caves.

J'attends enfin son souffle frais,
Sur mon cœur enfin clos aux fraudes ;
Agneau-pascal dans les marais,
Et blessure au fond des eaux chaudes.

J'attends des nuits sans lendemains,
Et des faiblesses sans remède ;
J'attends son ombre sur mes mains,
Et son image dans l'eau tiède.

J'attends vos nuits afin de voir
Mes désirs se laver la face,
Et mes songes aux bains du soir,
Mourir en un palais de glace.

CLOCHE À PLONGEUR

Ô plongeur à jamais sous sa cloche !
Toute une mer de verre éternellement chaude !
Toute une vie immobile aux lents pendules verts !
Et tant d'êtres étranges à travers les parois !
Et tout attouchement à jamais interdit !
Lorsqu'il y a tant de vie en l'eau claire au dehors !

Attention ! l'ombre des grands voiliers passe sur les
      dahlias des forêts sous-marines ;
Et je suis un moment à l'ombre des baleines qui s'en
      vont vers le pôle !

En ce moment, les autres déchargent, sans doute, des
      vaisseaux pleins de neige dans le port !
Il y avait encore un glacier au milieu des prairies de
      Juillet !
Ils nagent à reculons en l'eau verte de l'anse !
Ils entrent à midi dans des grottes obscures !
Et les brises du large éventent les terrasses !

Attention ! voici les langues en flamme du Gulf-
      Stream !
Écartez leurs baisers des parois de l'ennui !
On n'a plus mis de neige sur le front des fiévreux ;

Les malades ont allumé un feu de joie,
Et jettent à pleines mains les lys verts dans les flam-
    mes !

Appuyez votre front aux parois les moins chaudes,
En attendant la lune au sommet de la cloche,
Et fermez bien vos yeux aux forêts de pendules bleus et
    d'albumines violettes, en restant sourd aux sugges-
    tions de l'eau tiède.

Essuyez vos désirs affaiblis de sueurs ;
Allez d'abord à ceux qui vont s'évanouir :
Ils ont l'air de célébrer une fête nuptiale dans une
    cave ;
Ils ont l'air d'entrer à midi, dans une avenue éclairée de
    lampes au fond d'un souterrain ;
Ils traversent, en cortège de fête, un paysage semblable
    à une enfance d'orphelin.

Allez ensuite à ceux qui vont mourir.
Ils arrivent comme des vierges qui ont fait une longue
    promenade au soleil, un jour de jeûne ;
Ils sont pâles comme des malades qui écoutent pleuvoir
    placidement sur les jardins de l'hôpital ;
Ils ont l'aspect de survivants qui déjeunent sur le champ
    de bataille.
Ils sont pareils à des prisonniers qui n'ignorent pas que
    tous les geôliers se baignent dans le fleuve,
Et qui entendent faucher l'herbe dans le jardin de la
    prison.

AQUARIUM

Hélas ! mes vœux n'amènent plus
Mon âme aux rives des paupières,
Elle est descendue au reflux
   De ses prières.

Elle est au fond de mes yeux clos,
Et seule son haleine lasse
Élève encore à fleur des eaux
   Ses lys de glace.

Ses lèvres au fond des douleurs,
Semblent closes à mille lieues,
Et je les vois chanter des fleurs
   À tiges bleues.

Ses doigts blanchissent mes regards,
En suivant la trace incolore
De ses lys à jamais épars
   Et morts d'éclore.

Et je sais qu'elle doit mourir
En joignant ses mains impuissantes,
Et lasses enfin de cueillir
   Ces fleurs absentes.

VERRE ARDENT

Je regarde d'anciennes heures,
Sous le verre ardent des regrets ;
Et du fond bleu de leurs secrets
Émergent des flores meilleures.

Ô ce verre sur mes désirs !
Mes désirs à travers mon âme !
Et l'herbe morte qu'elle enflamme
En approchant des souvenirs !

Je l'élève sur mes pensées,
Et je vois éclore au milieu
De la fuite du cristal bleu,
Les feuilles des douleurs passées.

Jusqu'à l'éloignement des soirs
Morts si longtemps en ma mémoire,
Qu'ils troublent de leur lente moire
L'âme verte d'autres espoirs.

REFLETS

Sous l'eau du songe qui s'élève,
Mon âme a peur, mon âme a peur !
Et la lune luit dans mon cœur,
Plongé dans les sources du rêve.

Sous l'ennui morne des roseaux,
Seuls les reflets profonds des choses,
Des lys, des palmes et des roses,
Pleurent encore au fond des eaux.

Les fleurs s'effeuillent une à une
Sur le reflet du firmament,
Pour descendre éternellement
Dans l'eau du songe et dans la lune.

VISIONS

Je vois passer tous mes baisers,
Toutes mes larmes dépensées ;
Je vois passer dans mes pensées
Tous mes baisers désabusés.

C'est des fleurs sans couleur aucune,
Des jets d'eau bleus à l'horizon,
De la lune sur le gazon,
Et des lys fanés dans la lune.

Lasses et lourdes de sommeil,
Je vois sous mes paupières closes,
Les corbeaux au milieu des roses,
Et les malades au soleil,

Et lent sur mon âme indolente,
L'ennui de ces vagues amours
Luire immobile et pour toujours,
Comme une étoile pâle et lente.

ORAISON

Vous savez, Seigneur, ma misère !
Voyez ce que je vous apporte !
Des fleurs mauvaises de la terre,
Et du soleil sur une morte.

Voyez aussi ma lassitude,
La lune éteinte et l'aube noire ;
Et fécondez ma solitude
En l'arrosant de votre gloire.

Ouvrez-moi, Seigneur, votre voie,
Éclairez-y mon âme lasse,
Car la tristesse de ma joie
Semble de l'herbe sous la glace.

REGARDS

Ô ces regards pauvres et las !
Et les vôtres et les miens !
Et ceux qui ne sont plus et ceux qui vont venir !
Et ceux qui n'arriveront jamais et qui existent ce-
    pendant !
Il y en a qui semblent visiter des pauvres un diman-
    che ;
Il y en a comme des malades sans maison ;
Il y en a comme des agneaux dans une prairie couverte
    de linges.
Et ces regards insolites !
Il y en a sous la voûte desquels on assiste à l'exécution
    d'une vierge dans une salle close,
Et ceux qui font songer à des tristesses ignorées !
À des paysans aux fenêtres de l'usine,
À un jardinier devenu tisserand,
À une après-midi d'été dans un musée de cires,
Aux idées d'une reine qui regarde un malade dans le
    jardin,
À une odeur de camphre dans la forêt,
À enfermer une princesse dans une tour, un jour de
    fête,
À naviguer toute une semaine sur un canal tiède.

Ayez pitié de ceux qui sortent à petits pas comme des
    convalescents dans la moisson !
Ayez pitié de ceux qui ont l'air d'enfants égarés à
    l'heure du repas !
Ayez pitié des regards du blessé vers le chirurgien,
Pareils à des tentes sous l'orage !
Ayez pitié des regards de la vierge tentée !
(Oh ! des fleuves de lait ont fui dans les ténèbres !
Et les cygnes sont morts au milieu des serpents !)
Et de ceux de la vierge qui succombe !
Princesses abandonnées en des marécages sans issues ;
Et ces yeux où s'éloignent à pleines voiles des navires
    illuminés dans la tempête !
Et le pitoyable de tous ces regards qui souffrent de
    n'être pas ailleurs !
Et tant de souffrances presque indistinctes et si diverses
    cependant !
Et ceux que nul ne comprendra jamais !
Et ces pauvres regards presque muets !
Et ces pauvres regards qui chuchotent !
Et ces pauvres regards étouffés !

Au milieu des uns on croit être dans un château qui sert
    d'hôpital !
Et tant d'autres ont l'air de tentes, lys des guerres, sur la
    petite pelouse du couvent !
Et tant d'autres ont l'air de blessés soignés dans une
    serre chaude !
Et tant d'autres ont l'air de sœurs de charité sur un
    Atlantique sans malades !

Oh ! avoir vu tous ces regards !
Avoir admis tous ces regards !
Et avoir épuisé les miens à leur rencontre !
Et désormais ne pouvoir plus fermer les yeux !

ATTENTE

Mon âme a joint ses mains étranges
À l'horizon de mes regards ;
Exaucez mes rêves épars
Entre les lèvres de vos anges !

En attendant sous mes yeux las,
Et sa bouche ouverte aux prières
Éteintes entre mes paupières
Et dont les lys n'éclosent pas ;

Elle apaise au fond de mes songes,
Ses seins effeuillés sous mes cils,
Et ses yeux clignent aux périls
Éveillés au fil des mensonges.

APRÈS-MIDI

Mes yeux ont pris mon âme au piège,
Mon Dieu, laissez tomber, mon Dieu,
Un peu de feuilles sur la neige,
Un peu de neige sur le feu !

J'ai du soleil sur l'oreiller,
Toujours les mêmes heures sonnent ;
Et mes regards vont s'effeuiller
Sur des mourantes qui moissonnent...

Mes mains cueillent de l'herbe sèche,
Et mes yeux ternis de sommeil
Sont des malades sans eau fraîche,
Et des fleurs de cave au soleil.

J'attends de l'eau sur le gazon
Et sur mes songes immobiles,
Et mes regards à l'horizon
Suivent des agneaux dans les villes.

ÂME DE SERRE

Je vois des songes dans mes yeux ;
Et mon âme enclose sous verre,
Éclairant sa mobile serre,
Affleure les vitrages bleus.

Ô les serres de l'âme tiède,
Les lys contre les verres clos,
Les roseaux éclos sous leurs eaux,
Et tous mes désirs sans remède !

Je voudrais atteindre, à travers
L'oubli de mes pupilles closes,
Les ombelles autrefois roses
De tous mes songes entr'ouverts...

J'attends pour voir leurs feuilles mortes
Reverdir un peu dans mes yeux,
J'attends que la lune aux doigts bleus
Entr'ouvre en silence les portes.

INTENTIONS

Ayez pitié des yeux moroses
Où l'âme entr'ouvre ses espoirs,
Ayez pitié des inécloses
Et de l'attente au bord des soirs !

Émois des eaux spirituelles !
Et lys mobiles sous leurs flots
Au fil de moires éternelles ;
Et ces vertus sous mes yeux clos !

Mon Dieu, mon Dieu, des fleurs étranges
Montent aux cols des nénuphars ;
Et les vagues mains de vos anges
Agitent l'eau de mes regards.

Et leurs fleurs s'éveillent aux signes
Épars au milieu des flots bleus ;
Et mon âme ouvre au vol des cygnes
Les blanches ailes de mes yeux.

ATTOUCHEMENTS

Ô les attouchements !
L'obscurité s'étend entre vos doigts !
Musiques de cuivres sous l'orage !
Musiques d'orgues au soleil !
Tous les troupeaux de l'âme au fond d'une nuit
    d'éclipse !
Tout le sel de la mer en herbe des prairies !
Et ces bolides bleus à tous les horizons !
(Ayez pitié de ce pouvoir de l'homme !)

Mais ces attouchements plus mornes et plus las !
Ô ces attouchements de vos pauvres mains moites !
J'écoute vos doigts purs passer entre mes doigts,
Et des troupeaux d'agneaux s'éloignent au clair de lune
    le long d'un fleuve tiède.

Je me souviens de toutes les mains qui ont touché mes
    mains.
Et je revois ce qu'il y avait à l'abri de ces mains,
Et je vois aujourd'hui ce que j'étais à l'abri de ces mains
    tièdes.
Je devenais souvent le pauvre qui mange du pain au
    pied du trône.

J'étais parfois le plongeur qui ne peut plus s'évader de
    l'eau chaude !
J'étais parfois tout un peuple qui ne pouvait plus sortir
    des faubourgs !
Et ces mains semblables à un couvent sans jardin !
Et celles qui m'enfermaient comme une troupe de ma-
    lades dans une serre un jour de pluie !
Jusqu'à ce que d'autres plus fraîches vinssent entr'ou-
    vrir les portes,
Et répandre un peu d'eau sur le seuil !

Oh ! j'ai connu d'étranges attouchements !
Et voici qu'ils m'entourent à jamais !

On y faisait l'aumône un jour de soleil,
On y faisait la moisson au fond d'un souterrain,
Il y avait une musique de saltimbanques autour de la
    prison,
Il y avait des figures de cire dans une forêt d'été,
Ailleurs la lune avait fauché toute l'oasis,
Et parfois je trouvais une vierge en sueur au fond d'une
    grotte de glace.

Ayez pitié des mains étranges !
Ces mains contiennent les secrets de tous les rois !

Ayez pitié des mains trop pâles !
Elles semblent sortir des caves de la lune,
Elles se sont usées à filer le fuseau des jets d'eau !

Ayez pitié des mains trop blanches et trop moites !
Il me semble que les princesses sont allées se coucher
    vers midi tout l'été !

Éloignez-vous des mains trop dures !
Elles semblent sortir des rochers !
Mais ayez pitié des mains froides !
Je vois un cœur saigner sous des côtes de glace !
Ayez pitié des mains mauvaises !
Elles ont empoisonné les fontaines !
Elles ont mis les jeunes cygnes dans un nid de ciguë !
J'ai vu les mauvais anges ouvrir les portes à midi !
Il n'y a que des fous sur un fleuve vénéneux !
Il n'y a plus que des brebis noires en des pâturages sans
    étoiles !
Et les agneaux s'en vont brouter l'obscurité !

Mais ces mains fraîches et loyales !
Elles viennent offrir des fruits mûrs aux mourants !
Elles apportent de l'eau claire et froide en leurs pau-
    mes !
Elles arrosent de lait les champs de bataille !
Elles semblent sortir d'admirables forêts éternellement
    vierges !

ÂME DE NUIT

Mon âme en est triste à la fin ;
Elle est triste enfin d'être lasse,
Elle est lasse enfin d'être en vain,
Elle est triste et lasse à la fin
Et j'attends vos mains sur ma face.

J'attends vos doigts purs sur ma face,
Pareils à des anges de glace,
J'attends qu'ils m'apportent l'anneau ;
J'attends leur fraîcheur sur ma face,
Comme un trésor au fond de l'eau.

Et j'attends enfin leurs remèdes,
Pour ne pas mourir au soleil,
Mourir sans espoir au soleil !
J'attends qu'ils lavent mes yeux tièdes
Où tant de pauvres ont sommeil !

Où tant de cygnes sur la mer,
Des cygnes errants sur la mer,
Tendent en vain leur col morose !
Où, le long des jardins d'hiver,
Des malades cueillent des roses !

J'attends vos doigts purs sur ma face,
Pareils à des anges de glace,
J'attends qu'ils mouillent mes regards,
L'herbe morte de mes regards,
Où tant d'agneaux las sont épars !

Quinze Chansons

I

Elle l'enchaîna dans une grotte,
Elle fit un signe sur la porte ;
La vierge oublia la lumière
Et la clef tomba dans la mer.

Elle attendit les jours d'été :
Elle attendit plus de sept ans,
Tous les ans passait un passant.

Elle attendit les jours d'hiver ;
Et ses cheveux en attendant
Se rappelèrent la lumière.

Ils la cherchèrent, ils la trouvèrent,
Ils se glissèrent entre les pierres
Et éclairèrent les rochers.

Un soir un passant passe encore,
Il ne comprend pas la clarté
Et n'ose pas en approcher.

Il croit que c'est un signe étrange,
Il croit que c'est une source d'or,
Il croit que c'est un jeu des anges,
Il se détourne et passe encore...

II

Et s'il revenait un jour
　　Que faut-il lui dire ?
— Dites-lui qu'on l'attendit
　　Jusqu'à s'en mourir...

Et s'il m'interroge encore
　　Sans me reconnaître ?
— Parlez-lui comme une sœur,
　　Il souffre peut-être...

Et s'il demande où vous êtes
　　Que faut-il répondre ?
— Donnez-lui mon anneau d'or
　　Sans rien lui répondre...

Et s'il veut savoir pourquoi
　　La salle est déserte ?
— Montrez-lui la lampe éteinte
　　Et la porte ouverte...

Et s'il m'interroge alors
　　Sur la dernière heure ?
— Dites-lui que j'ai souri
　　De peur qu'il ne pleure...

III

Ils ont tué trois petites filles
Pour voir ce qu'il y a dans leur cœur.

Le premier était plein de bonheur ;
Et partout où coula son sang,
Trois serpents sifflèrent trois ans.

Le deuxième était plein de douceur,
Et partout où coula son sang,
Trois agneaux broutèrent trois ans.

Le troisième était plein de malheur,
Et partout où coula son sang,
Trois archanges veillèrent trois ans.

IV

Les filles aux yeux bandés
  (Otez les bandeaux d'or)
Les filles aux yeux bandés
Cherchent leurs destinées...

Ont ouvert à midi,
  (Gardez les bandeaux d'or)
Ont ouvert à midi,
Le palais des prairies...

Ont salué la vie,
  (Serrez les bandeaux d'or)
Ont salué la vie,
Et ne sont point sorties...

V

Les trois sœurs aveugles
   (Espérons encore)
Les trois sœurs aveugles
Ont leurs lampes d'or ;

Montent à la tour,
   (Elles, vous et nous)
Montent à la tour,
Attendent sept jours...

Ah ! dit la première,
   (Espérons encore)
Ah ! dit la première,
J'entends nos lumières...

Ah ! dit la seconde,
   (Elles, vous et nous)
Ah ! dit la seconde,
C'est le roi qui monte...

Non, dit la plus sainte,
   (Espérons encore)
Non, dit la plus sainte,
Elles se sont éteintes...

VI

On est venu dire,
   (Mon enfant, j'ai peur)
On est venu dire
   Qu'il allait partir...

Ma lampe allumée,
   (Mon enfant, j'ai peur)
Ma lampe allumée,
   Me suis approchée...

À la première porte,
   (Mon enfant, j'ai peur)
À la première porte,
   La flamme a tremblé...

À la seconde porte,
   (Mon enfant, j'ai peur)
À la seconde porte,
   La flamme a parlé...

À la troisième porte,
   (Mon enfant, j'ai peur)
À la troisième porte,
   La lumière est morte...

VII

Les sept filles d'Orlamonde,
       Quand la fée fut morte,
Les sept filles d'Orlamonde,
       Ont cherché les portes.

Ont allumé leurs sept lampes,
       Ont ouvert les tours,
Ont ouvert quatre cents salles,
       Sans trouver le jour...

Arrivent aux grottes sonores,
       Descendent alors ;
Et sur une porte close,
       Trouvent une clef d'or.

Voient l'océan par les fentes,
       Ont peur de mourir,
Et frappent à la porte close,
       Sans oser l'ouvrir...

VIII

Elle avait trois couronnes d'or,
À qui les donna-t-elle ?

Elle en donne une à ses parents :
Ont acheté trois réseaux d'or
Et l'ont gardée jusqu'au printemps.

Elle en donne une à ses amants :
Ont acheté trois rêts d'argent
Et l'ont gardée jusqu'à l'automne.

Elle en donne une à ses enfants :
Ont acheté trois nœuds de fer,
Et l'ont enchaînée tout l'hiver.

IX

Elle est venue vers le palais
— Le soleil se levait à peine —
Elle est venue vers le palais,
Les chevaliers se regardaient
Toutes les femmes se taisaient.

Elle s'arrêta devant la porte
— Le soleil se levait à peine —
Elle s'arrêta devant la porte
On entendit marcher la reine
Et son époux l'interrogeait.

Où allez-vous, où allez-vous ?
— Prenez garde, on y voit à peine —
Où allez-vous, où allez-vous ?
Quelqu'un vous attend-il là-bas ?
Mais elle ne répondait pas.

Elle descendit vers l'inconnue,
— Prenez garde, on y voit à peine —
Elle descendit vers l'inconnue,
L'inconnue embrassa la reine,
Elles ne se dirent pas un mot
Et s'éloignèrent aussitôt.

Son époux pleurait sur le seuil
— Prenez garde, on y voit à peine —
Son époux pleurait sur le seuil
On entendait marcher la reine
On entendait tomber les feuilles.

X

Quand l'amant sortit
(J'entendis la porte)
Quand l'amant sortit
Elle avait souri...

Mais quand il rentra
(J'entendis la lampe)
Mais quand il rentra
Une autre était là...

Et j'ai vu la mort
(J'entendis son âme)
Et j'ai vu la mort
Qui l'attend encore...

XI

Ma mère, n'entendez-vous rien ?
Ma mère, on vient avertir...
Ma fille, donnez-moi vos mains.
Ma fille, c'est un grand navire...

Ma mère, il faut prendre garde...
Ma fille, ce sont ceux qui partent...
Ma mère, est-ce un grand danger ?
Ma fille, il va s'éloigner...

Ma mère, Elle approche encore...
Ma fille, il est dans le port.
Ma mère, Elle ouvre la porte...
Ma fille, ce sont ceux qui sortent.

Ma mère, c'est quelqu'un qui entre...
Ma fille, il a levé l'ancre.
Ma mère, Elle parle à voix basse...
Ma fille, ce sont ceux qui passent.

Ma mère, Elle prend les étoiles !...
Ma fille, c'est l'ombre des voiles.
Ma mère, Elle frappe aux fenêtres...
Ma fille, elles s'ouvrent peut-être...

Ma mère, on n'y voit plus clair...
Ma fille, il va vers la mer.
Ma mère, je l'entends partout...
Ma fille, de qui parlez-vous ?

XII

Vous avez allumé les lampes,
— Oh ! le soleil dans le jardin !
Vous avez allumé les lampes,
Je vois le soleil par les fentes,
Ouvrez les portes du jardin !

— Les clefs des portes sont perdues,
Il faut attendre, il faut attendre,
Les clefs sont tombées de la tour,
Il faut attendre, il faut attendre,
Il faut attendre d'autres jours...

D'autres jours ouvriront les portes,
La forêt garde les verrous,
La forêt brûle autour de nous,
C'est la clarté des feuilles mortes,
Qui brûlent sur le seuil des portes...

— Les autres jours sont déjà las,
Les autres jours ont peur aussi,
Les autres jours ne viendront pas,
Les autres jours mourront aussi,
Nous aussi nous mourrons ici...

XIII

J'ai cherché trente ans, mes sœurs,
    Où s'est-il caché ?
J'ai marché trente ans, mes sœurs,
    Sans m'en approcher...

J'ai marché trente ans, mes sœurs,
    Et mes pieds sont las,
Il était partout, mes sœurs,
    Et n'existe pas...

L'heure est triste enfin, mes sœurs,
    Ôtez mes sandales,
Le soir meurt aussi, mes sœurs,
    Et mon âme a mal...

Vous avez seize ans, mes sœurs,
    Allez loin d'ici,
Prenez mon bourdon, mes sœurs,
    Et cherchez aussi...

XIV

Les trois sœurs ont voulu mourir
Elles ont mis leurs couronnes d'or
Et sont allées chercher leur mort.

S'en sont allées vers la forêt :
« Forêt, donnez-nous notre mort,
Voici nos trois couronnes d'or. »

La forêt se mit à sourire
Et leur donna douze baisers
Qui leur montrèrent l'avenir.

Les trois sœurs ont voulu mourir
S'en sont allées chercher la mer
Trois ans après la rencontrèrent :

« Ô mer donnez-nous notre mort,
Voici nos trois couronnes d'or. »

Et la mer se mit à pleurer
Et leur donna trois cents baisers,
Qui leur montrèrent le passé.

Les trois sœurs ont voulu mourir
S'en sont allées chercher la ville
La trouvèrent au milieu d'une île :

« Ô ville donnez-nous notre mort,
Voici nos trois couronnes d'or. »

Et la ville, s'ouvrant à l'instant
Les couvrit de baisers ardents,
Qui leur montrèrent le présent.

XV

Cantique de la vierge dans « Sœur Béatrice »

À toute âme qui pleure,
À tout péché qui passe,
J'ouvre au sein des étoiles
Mes mains pleines de grâces.

Il n'est péché qui vive
Quand l'amour a parlé,
Il n'est âme qui meure
Quand l'amour a pleuré...

Et si l'amour s'égare
Aux sentiers d'ici-bas,
Ses larmes me retrouvent
Et ne se perdent pas...

La Princesse Maleine

DRAMATIS PERSONÆ

HJALMAR, roi d'une partie de la Hollande.
MARCELLUS, roi d'une autre partie de la Hollande.
Le prince HJALMAR, fils du roi HJALMAR.
Le petit ALLAN, fils de la reine Anne.
ANGUS, ami du prince HJALMAR.
STÉPHANO } officiers de Marcellus.
VANOX
Un chambellan.
Un médecin.
Un fou.
Trois pauvres.
Deux vieux paysans, un cuisinier.
Seigneurs, officiers, un vacher, un cul-de-jatte, pèlerins,
    paysans, domestiques, mendiants, vagabonds, en-
    fans, etc.
ANNE, reine du Jutland.
GODELIVE, femme du roi Marcellus.
La princesse MALEINE, fille de Marcellus et de Gode-
    live.
La princesse UGLYANE, fille de la reine Anne.
La nourrice de Maleine.
Sept béguines.
Une vieille femme.

Dames d'honneur, servantes, paysannes, etc.
Un grand chien noir nommé Pluton.

*Le premier acte à Harlingen ; les autres au château d'Yssel-
monde et aux environs.*

Acte premier

SCÈNE PREMIÈRE
LES JARDINS DU CHÂTEAU

Entrent Stéphano et Vanox.

VANOX

Quelle heure est-il ?

STÉPHANO

D'après la lune, il doit être minuit.

VANOX

Je crois qu'il va pleuvoir.

STÉPHANO

Oui ; il y a de gros nuages vers l'Ouest. — On ne viendra pas nous relever avant la fin de la fête.

VANOX

Et elle ne finira pas avant le petit jour.

STÉPHANO

Oh ! oh ! Vanox !

> *Ici une comète apparaît au-dessus du château.*

VANOX

Quoi ?

STÉPHANO

Encore la comète de l'autre nuit !

VANOX

Elle est énorme !

STÉPHANO

Elle a l'air de verser du sang sur le château !

> *Ici une pluie d'étoiles semble tomber sur le château.*

VANOX

Les étoiles tombent sur le château ! Voyez ! voyez ! voyez !

STÉPHANO

Je n'ai jamais vu pareille pluie d'étoiles ! On dirait que le ciel pleure sur ces fiançailles !

VANOX

On dit que tout ceci présage de grands malheurs !

STÉPHANO

Oui ; peut-être des guerres ou des morts de rois. On a vu ces présages à la mort du vieux roi Marcellus.

VANOX

On dit que ces étoiles à longue chevelure annoncent la mort des princesses.

STÉPHANO

On dit... on dit bien des choses...

VANOX

La princesse Maleine aura peur de l'avenir !

STÉPHANO

À sa place, j'aurais peur de l'avenir sans l'avertisse-
ment des étoiles...

VANOX

Oui : le vieux Hjalmar me semble assez étrange...

STÉPHANO

Le vieux Hjalmar ? Écoute, je n'ose pas dire tout ce
que je sais ; mais un de mes oncles est chambellan de
Hjalmar ; eh bien ! si j'avais une fille, je ne la donnerais
pas au prince Hjalmar.

VANOX

Je ne sais pas... le prince Hjalmar...

STÉPHANO

Oh ! ce n'est pas à cause du prince Hjalmar, mais son
père !...

VANOX

On dit qu'il a la tête...

STÉPHANO

Depuis que cette étrange reine Anne est venue du
Jutland, où ils l'ont détrônée, après avoir emprisonné
leur vieux roi, son mari, depuis qu'elle est venue à
Ysselmonde, on dit... on dit... enfin le vieux Hjalmar a
plus de soixante-dix ans, et je crois qu'il l'aime un peu
trop pour son âge...

VANOX

Oh ! oh !

STÉPHANO

Voilà ce qu'on dit... — Et je n'ose pas dire tout ce que je sais. — Mais n'oublie pas ce que j'ai dit aujourd'hui.

VANOX

Alors, pauvre petite princesse !

STÉPHANO

Oh ! je n'aime pas ces fiançailles ! — Voilà qu'il pleut déjà !

VANOX

Et peut-être un orage là-bas. — Mauvaise nuit ! *(Passe un valet avec une lanterne.)* Où en est la fête ?

LE VALET

Voyez les fenêtres.

VANOX

Oh ! elles ne s'éteignent pas.

LE VALET

Et elles ne s'éteindront pas cette nuit. Je n'ai jamais vu de fête pareille ! Le vieux roi Hjalmar est absolument ivre, il a embrassé notre roi Marcellus, il...

VANOX

Et les fiancés ?

LE VALET

Oh ! les fiancés ne boivent pas beaucoup. — Allons, bonne nuit ! je vais à la cuisine, on n'y boit pas de l'eau claire non plus, bonne nuit !

Il sort.

VANOX

Le ciel devient noir, et la lune est étrangement rouge.

STÉPHANO

Voilà l'averse ! et pendant que les autres boivent, nous allons...

Ici les fenêtres du château, illuminées au fond du jardin, volent en éclats ; cris, rumeurs, tumulte.

VANOX

Oh !

STÉPHANO

Qu'y a-t-il ?

VANOX

On brise les vitres !

STÉPHANO

Un incendie !

VANOX

On se bat dans la salle !

La princesse Maleine, échevelée et tout en pleurs, passe en courant au fond du jardin.

STÉPHANO

La princesse !

VANOX

Où court-elle ?

STÉPHANO

Elle pleure !

VANOX

On se bat dans la salle !

STÉPHANO

Allons voir !...

> *Cris, tumulte, les jardins se remplissent d'offi-*
> *ciers, de domestiques, etc., les portes du château*
> *s'ouvrent violemment, et le roi Hjalmar paraît*
> *sur le perron, entouré de courtisans et de pertui-*
> *saniers. Au-dessus du château, la comète. La*
> *pluie d'étoiles continue.*

LE ROI HJALMAR

Ignoble Marcellus ! Vous avez fait aujourd'hui une chose monstrueuse ! Allons, mes chevaux ! mes chevaux ! je m'en vais ! je m'en vais ! Et je vous laisse votre Maleine, avec sa face verte et ses cils blancs ! Et je vous laisse avec votre vieille Godelive ! Mais attendez ! Vous irez à genoux à travers vos marais ! Et ce seront vos fiançailles que je viendrai célébrer, avec tous mes pertuisaniers et tous les corbeaux de Hollande à vos fêtes funèbres ! Allons-nous-en ! Au revoir ! au revoir ! Ah ! ah ! ah !

> *Il sort avec ses courtisans.*

SCÈNE II

UN APPARTEMENT DU CHÂTEAU

On découvre la reine Godelive, la princesse Maleine et la nourrice ; elles chantent en filant leur quenouille.

Les nonnes sont malades,
Malades à leur tour ;
Les nonnes sont malades,
Malades dans la tour...

GODELIVE

... Voyons, ne pleure plus, Maleine ; essuie tes larmes et descends au jardin. Il est midi.

LA NOURRICE

C'est ce que je lui dis depuis ce matin, Madame. À quoi sert-il de s'abîmer les yeux ? Elle ouvre sa fenêtre ce matin, elle regarde un chemin vers la forêt et se met à pleurer ; alors je lui dis : est-ce que vous regardez déjà le chemin vers la tour, Maleine ?...

GODELIVE

Ne parle pas de cela !

LA NOURRICE

Si, si, il faut en parler ; on en parlera tout à l'heure. Je lui demande donc : est-ce que vous regardez déjà le chemin vers la tour où l'on a enfermé, dans le temps, la pauvre duchesse Anne, parce qu'elle aimait un prince qu'elle ne pouvait aimer ?...

GODELIVE

Ne parle pas de cela !

LA NOURRICE

Au contraire, il faut en parler, on en parlera tout à l'heure. Je lui demande donc... — Voici le roi !

Entre Marcellus.

MARCELLUS

Eh bien, Maleine ?

MALEINE

Sire ?

MARCELLUS

Aimais-tu le prince Hjalmar ?

MALEINE

Oui, Sire.

MARCELLUS

Pauvre enfant !... mais l'aimes-tu encore ?

MALEINE

Oui, Sire.

MARCELLUS

Tu l'aimes encore ?

MALEINE

Oui.

MARCELLUS

Tu l'aimes encore après ?...

GODELIVE

Seigneur, ne l'effrayez pas !

MARCELLUS

Mais je ne l'effraye pas ! — Voyons, je viens ici en
véritable père, et je ne songe qu'à ton bonheur, Malei-
ne. Examinons cela froidement. Tu sais ce qui est arri-
vé : le vieux roi Hjalmar m'outrage sans raison ; ou plu-
tôt, je soupçonne trop bien ses raisons !... Il outrage

ignoblement ta mère, il t'insulte plus bassement encore,
et s'il n'avait pas été mon hôte, s'il n'avait pas été là
sous la main de Dieu, il ne serait jamais sorti de mon
château ! — enfin, oublions aujourd'hui. — Mais, est-ce
à nous que tu dois en vouloir ? — est-ce à ta mère, ou
est-ce à moi ? Voyons, réponds, Maleine ?

MALEINE

Non, Sire.

MARCELLUS

Alors, pourquoi pleurer ? Quant au prince Hjalmar, il
vaut mieux l'oublier ; et puis, comment pourrais-tu l'ai-
mer sérieusement ? Vous vous êtes à peine entrevus ; et
le cœur à ton âge est comme un cœur de cire ; on en
fait ce qu'on veut. Le nom de Hjalmar était encore écrit
dans les nuages, un orage est venu et tout est effacé, et
dès ce soir tu n'y songeras plus. Et puis, crois-tu que tu
aurais été bien heureuse à la cour de Hjalmar ? Je ne
parle pas du prince, le prince est un enfant ; mais son
père, tu sais bien qu'on a peur d'en parler... Tu sais
bien qu'il n'y a pas une cour plus sombre en Hollande ;
tu sais que son château a peut-être d'étranges secrets.
Mais tu ne sais pas ce que l'on dit de cette reine étran-
gère, venue avec sa fille au palais d'Ysselmonde, et je ne
te dirai pas ce qu'on en dit ; car je ne veux pas verser de
poison dans ton cœur. — Mais tu allais entrer, toute
seule, dans une effrayante forêt d'intrigues et de soup-
çons ! — Voyons, réponds, Maleine ; n'avais-tu pas
peur de tout cela ? et n'était-ce pas un peu malgré toi
que tu allais épouser le prince Hjalmar ?

MALEINE

Non, Sire.

MARCELLUS

Soit, mais alors, réponds-moi franchement. Il ne faut
pas que le vieux roi Hjalmar triomphe. Nous allons
avoir une grande guerre à cause de toi. Je sais que les
vaisseaux de Hjalmar entourent Ysselmonde et vont
mettre à la voile avant la pleine lune ; d'un autre côté,
le duc de Bourgogne, qui t'aime depuis longtemps... *(se
tournant vers la reine)*, je ne sais si ta mère ?...

GODELIVE

Oui, Seigneur.

MARCELLUS

Eh bien ?

GODELIVE

Il faudrait l'y préparer, peu à peu...

MARCELLUS

Laissez-la parler ! — Eh bien, Maleine ?...

MALEINE

Sire ?

MARCELLUS

Tu ne comprends pas ?

MALEINE

Quoi, Sire ?

MARCELLUS

Tu me promets d'oublier Hjalmar ?

MALEINE

Sire...

MARCELLUS

Tu dis ? — Tu aimes encore Hjalmar ?

MALEINE

Oui, Sire !

MARCELLUS

« *Oui, Sire !* » Ah ! démons et tempêtes. Elle avoue
cela cyniquement et elle ose me crier cela sans pudeur !
Elle a vu Hjalmar une seule fois, pendant une seule
après-midi, et la voilà plus ardente que l'enfer !

GODELIVE

Seigneur !...

MARCELLUS

Taisez-vous ! « *Oui, Sire !* » Et elle n'a pas quinze ans !
Ah ! c'est à les tuer sur place ! Voilà quinze ans que je
ne vivais plus qu'en elle ! Voilà quinze ans que je rete-
nais mon souffle autour d'elle ! Voilà quinze ans que
nous n'osions plus respirer de peur de troubler ses
regards ! Voilà quinze ans que j'ai fait de ma cour un
couvent, et le jour où je viens regarder dans son
cœur...

GODELIVE

Seigneur !

LA NOURRICE

Est-ce qu'elle ne peut pas aimer comme une autre ?
Allez-vous la mettre sous verre ? Est-ce une raison pour
crier ainsi à tue-tête après une enfant ? Elle n'a rien fait
de mal !

MARCELLUS

Ah ! elle n'a rien fait de mal ! — Et d'abord, taisez-
vous ; je ne vous parle pas, et c'est probablement à vos
instigations d'entremetteuse...

GODELIVE

Seigneur !

LA NOURRICE

Entremetteuse ! moi, une entremetteuse !

MARCELLUS

Me laisserez-vous parler, enfin ! Allez-vous-en ! Allez-
vous-en toutes deux ! Oh ! je sais bien que vous vous
entendez, et que l'ère des intrigues est ouverte à pré-
sent, mais attendez ! — Allez-vous-en ! Ah ! des larmes !
Sortent Godelive et la nourrice. Voyons, Maleine, ferme
d'abord les portes. Maintenant que nous sommes seuls,
je veux oublier. On t'a donné de mauvais conseils, et je
sais que les femmes entre elles font d'étranges projets ;
ce n'est pas que j'en veuille au prince Hjalmar ; mais il
faut être raisonnable ? Me promets-tu d'être raisonna-
ble ?

MALEINE

Oui, Sire.

MARCELLUS

Ah ! tu vois ! Alors, tu ne songeras plus à ce ma-
riage ?

MALEINE

Oui.

MARCELLUS

Oui ? — c'est-à-dire que tu vas oublier Hjalmar ?

MALEINE

Non.

MARCELLUS

Tu ne renonces pas encore à Hjalmar ?

MALEINE

Non.

MARCELLUS

Et si je vous y oblige, moi ? et si je vous enferme ? et si je vous sépare à jamais de votre Hjalmar à face de petite fille ? — vous dites ? — *Elle pleure.* Ah ! c'est ainsi ! — Allez-vous-en ; et nous verrons ! Allez-vous-en !

Ils sortent séparément.

SCÈNE III

UNE FORÊT

Entrent le prince Hjalmar et Angus.

LE PRINCE HJALMAR

J'étais malade ; et l'odeur de tous ces morts ! et l'odeur de tous ces morts ! et maintenant c'est comme si cette nuit et cette forêt avaient versé un peu d'eau sur mes yeux...

ANGUS

Il ne reste plus que les arbres !

HJALMAR

Avez-vous vu mourir le vieux roi Marcellus ?

ANGUS

Non, mais j'ai vu autre chose ; hier au soir, pendant
votre absence, ils ont mis le feu au château, et la vieille
reine Godelive courait à travers les flammes avec les
domestiques. Ils se sont jetés dans les fossés et je crois
que tous y ont péri.

HJALMAR

Et la princesse Maleine ? — Y était-elle ?

ANGUS

Je ne l'ai pas vue.

HJALMAR

Mais d'autres l'ont-ils vue ?

ANGUS

Personne ne l'a vue, on ne sait où elle est.

HJALMAR

Elle est morte ?

ANGUS

On dit qu'elle est morte.

HJALMAR

Mon père est terrible !

ANGUS

Vous l'aimiez déjà ?

HJALMAR

Qui ?

ANGUS

La princesse Maleine.

HJALMAR

Je ne l'ai vue qu'une seule fois... elle avait cependant une manière de baisser les yeux ; — et de croiser les mains ; — ainsi — et des cils blancs étranges ! — Et son regard !... on était tout à coup comme dans un grand canal d'eau fraîche... Je ne m'en souviens pas très bien ; mais je voudrais revoir cet étrange regard...

ANGUS

Quelle est cette tour sur cette butte ?

HJALMAR

On dirait un vieux moulin à vent ; il n'a pas de fenêtres.

ANGUS

Il y a une inscription de ce côté.

HJALMAR

Une inscription ?

ANGUS

Oui, — en latin.

HJALMAR

Pouvez-vous lire ?

ANGUS

Oui, mais c'est très vieux. — Voyons :

> Olim inclusa
> Anna ducissa
> anno..., etc.,

il y a trop de mousse sur tout le reste.

HJALMAR

Asseyons-nous ici.

ANGUS

Ducissa Anna, c'est le nom de la mère de votre fiancée.

HJALMAR

D'Uglyane ? — Oui.

ANGUS

Voilà un *oui* plus lent et plus froid que la neige !

HJALMAR

Mon Dieu, le temps des *oui* de flamme est assez loin de moi...

ANGUS

Uglyane est jolie cependant.

HJALMAR

J'en ai peur !

ANGUS

Oh !

HJALMAR

Il y a une petite âme de cuisinière au fond de ses yeux verts.

ANGUS

Oh ! oh ! mais alors, pourquoi consentez-vous ?

HJALMAR

À quoi bon ne pas consentir ? Je suis malade à en mourir une de ces vingt mille nuits que nous avons à vivre, et je veux le repos ! le repos ! le repos ! Et puis, elle ou une autre, qui me dira « mon petit Hjalmar » au clair de lune en me pinçant le nez ! Pouah ! — Avez-

vous remarqué les colères subites de mon père depuis
que la reine Anne est arrivée à Ysselmonde ? — Je ne
sais ce qui se passe ; mais il y a là quelque chose, et je
commence à avoir d'étranges soupçons ; j'ai peur de la
reine !

ANGUS

Elle vous aime comme un fils cependant.

HJALMAR

Comme un fils ? — Je n'en sais rien, et j'ai d'étranges
idées, elle est plus belle que sa fille, et voilà d'abord un
grand mal. Elle travaille comme une taupe à je ne sais
quoi ; elle a excité mon pauvre vieux père contre Mar-
cellus et elle a déchaîné cette guerre ; — il y a quelque
chose là-dessous !

ANGUS

Il y a, qu'elle voudrait vous faire épouser Uglyane, ce
n'est pas infernal.

HJALMAR

Il y a encore autre chose.

ANGUS

Oh ! je sais bien ! Une fois mariés, elle vous envoie en
Jutland vous battre sur les glaçons pour son petit trône
d'usurpatrice, et délivrer peut-être son pauvre mari, qui
doit être bien inquiet en l'attendant ; car une reine aussi
belle, errant seule par le monde, il faut bien qu'il arrive
des histoires...

HJALMAR

Il y a encore autre chose.

ANGUS

Quoi ?

HJALMAR

Vous le saurez un jour ; allons-nous-en.

ANGUS

Vers la ville ?

HJALMAR

Vers la ville ? — Il n'y en a plus ; il n'y a plus que des
morts entre des murs écroulés !

Ils sortent.

SCÈNE IV

UNE CHAMBRE VOÛTÉE DANS UNE TOUR

On découvre la princesse Maleine et la nourrice.

LA NOURRICE

Voilà trois jours que je travaille à desceller les pierres
de cette tour, et je n'ai plus d'ongles au bout de mes
pauvres doigts. Vous pourrez vous vanter de m'avoir
fait mourir. Mais voilà, il fallait désobéir ! il fallait vous
échapper du palais ! il fallait rejoindre Hjalmar ! Et nous
voici dans cette tour ; nous voici entre ciel et terre, au-
dessus des arbres de la forêt ! Ne vous avais-je pas aver-
tie, ne vous l'avais-je pas dit ? Je connaissais bien votre
père ! — Mais est-ce après la guerre qu'on nous déli-
vrera ?

MALEINE

Mon père l'a dit.

LA NOURRICE

Mais cette guerre ne finira jamais ! Depuis combien de jours sommes-nous dans cette tour ? Depuis combien de jours n'ai-je plus vu de lune ni de soleil ! Et partout où je mets les mains, je trouve des champignons et des chauves-souris ; et j'ai vu, ce matin, que nous n'avions plus d'eau !

MALEINE

Ce matin ?

LA NOURRICE

Oui, ce matin, pourquoi riez-vous ? Il n'y a pas de quoi rire ? Si nous ne parvenons pas à écarter cette pierre aujourd'hui, il ne nous reste plus qu'à dire nos prières. Mon Dieu ! mon Dieu ! qu'ai-je donc fait pour être mise dans ce tombeau, au milieu des rats, des araignées et des champignons ! Je ne me suis pas révoltée, moi ! Je n'ai pas été insolente comme vous ! Était-ce si difficile de se soumettre en apparence, et de renoncer à ce saule pleureur de Hjalmar qui ne remuerait pas le petit doigt pour nous délivrer ?

MALEINE

Nourrice !

LA NOURRICE

Oui, nourrice ! Je serai bientôt la nourrice des vers de terre à cause de vous. Et dire que sans vous, j'étais tranquillement dans la cuisine en ce moment, ou à me chauffer au soleil dans le jardin, en attendant la cloche du déjeuner ! Mon Dieu ! mon Dieu ! qu'ai-je donc fait pour... Oh ! Maleine ! Maleine ! Maleine !

MALEINE

Quoi ?

LA NOURRICE

La pierre... !

MALEINE

La... ?

LA NOURRICE

Oui, — elle a remué !

MALEINE

La pierre a remué ?

LA NOURRICE

Elle a remué ! elle est détachée ! Il y a du soleil entre
le mortier ! Venez voir ! Il y en a sur ma robe ! Il y en a
sur mes mains ! Il y en a sur votre visage ! Il y en a sur
les murs ! Éteignez la lampe ! Il y en a partout ! Je vais
pousser la pierre !

MALEINE

Elle tient encore ?

LA NOURRICE

Oui ! — mais ce n'est rien ! c'est là, dans le coin ;
donnez-moi votre fuseau ! — oh ! elle ne veut pas tom-
ber !...

MALEINE

Tu vois quelque chose par les fentes ?

LA NOURRICE

Oui ! oui ! — non ! je ne vois que le soleil !

MALEINE

Est-ce le soleil ?

LA NOURRICE

Oui ! oui ! c'est le soleil ! Mais voyez donc ! c'est de l'argent et des perles sur ma robe ! Et c'est chaud comme du lait sur mes mains !

MALEINE

Mais laisse-moi donc voir aussi !

LA NOURRICE

Voyez-vous quelque chose ?

MALEINE

Je suis éblouie !

LA NOURRICE

C'est étonnant que nous ne voyions pas d'arbres. Laissez-moi regarder.

MALEINE

Où est mon miroir ?

LA NOURRICE

Je vois mieux.

MALEINE

En vois-tu ?

LA NOURRICE

Non. Nous sommes sans doute au-dessus des arbres. Mais il y a du vent. Je vais essayer de pousser la pierre. Oh ! (*Elles reculent devant le jet de soleil qui s'irrue et restent un moment en silence au fond de la salle.*) Je n'y vois plus !

MALEINE

Va voir ! va voir ! J'ai peur !

LA NOURRICE

Fermez les yeux ! Je crois que je deviens aveugle !

MALEINE

Je vais voir moi-même.

LA NOURRICE

Eh bien ?

MALEINE

Oh ! c'est une fournaise ! et j'ai des meules rouges dans les yeux !

LA NOURRICE

Mais ne voyez-vous rien !

MALEINE

Pas encore ; si ! si ! le ciel est tout bleu. Et la forêt ! Oh ! toute la forêt !

LA NOURRICE

Laissez-moi voir !

MALEINE

Attends ! Je commence à voir !

LA NOURRICE

Voyez-vous la ville ?

MALEINE

Non.

LA NOURRICE

Et le château ?

MALEINE

Non.

LA NOURRICE

C'est qu'il est de l'autre côté.

MALEINE

Mais cependant... je vois la mer.

LA NOURRICE

Vous voyez la mer ?

MALEINE

Oui, oui, c'est la mer ! Elle est verte !

LA NOURRICE

Mais alors, vous devez voir la ville. Laissez-moi regarder.

MALEINE

Je vois le phare !

LA NOURRICE

Vous voyez le phare ?

MALEINE

Oui. Je crois que c'est le phare...

LA NOURRICE

Mais alors, vous devez voir la ville ?

MALEINE

Je ne vois pas la ville.

LA NOURRICE

Vous ne voyez pas le beffroi ?

MALEINE

Non.

LA NOURRICE

C'est étonnant !

MALEINE

Je vois un navire sur la mer ! Avec des voiles blanches !...

LA NOURRICE

Où est-il ?

MALEINE

Oh ! le vent de la mer agite mes cheveux ! — Mais il n'y a plus de maisons le long des routes !

LA NOURRICE

Quoi ? — Ne parlez pas ainsi vers l'extérieur, je n'entends rien.

MALEINE

Il n'y a plus de maisons le long des routes !

LA NOURRICE

Il n'y a plus de maisons le long des routes ?

MALEINE

Il n'y a plus de clochers dans la campagne !

LA NOURRICE

Il n'y a plus de clochers dans la campagne ?

MALEINE

Il n'y a plus de moulins dans les prairies ! Je ne reconnais plus rien !

LA NOURRICE

Laissez-moi regarder. — Il n'y a plus un seul paysan dans les champs. Oh ! le grand pont de pierre est démoli. — Mais qu'est-ce qu'ils ont fait aux ponts-levis ? — Voilà une ferme qui a brûlé ! — Et celle-là aussi ! — Mais celle-là aussi ! — Mais celle-là aussi ! — Mais !... oh ! Maleine ! Maleine !

MALEINE

Quoi ?

LA NOURRICE

Tout a brûlé ! tout a brûlé ! tout a brûlé !

MALEINE

Tout a... ?

LA NOURRICE

Tout a brûlé, Maleine ! tout a brûlé ! Oh ! je vois maintenant !... Il n'y a plus rien !

MALEINE

Ce n'est pas vrai, laisse-moi voir !

LA NOURRICE

Aussi loin qu'on peut voir, tout a brûlé ! Toute la ville n'est plus qu'un tas de briques noires. Je ne vois plus que les fossés pleins de pierres du château ! Il n'y a plus

un homme ni une bête dans les champs ! Il n'y a plus
que les corbeaux dans les prairies ! Il ne reste plus que
les arbres !

MALEINE

Mais alors !...

LA NOURRICE

Ah !...

Acte deuxième

UNE FORÊT

Entrent la princesse Maleine et la nourrice.

MALEINE

Oh ! qu'il fait noir ici !

LA NOURRICE

Il fait noir ! il fait noir ! une forêt est-elle éclairée comme une salle de fête ? — J'en ai vu de plus noires que celle-ci ; et où il y avait des loups et des sangliers. Je ne sais d'ailleurs s'il n'y en a pas ici ; mais, grâce à Dieu, il passe au moins un peu de lune et d'étoiles entre les arbres.

MALEINE

Connais-tu le chemin, nourrice ?

LA NOURRICE

Le chemin ? Ma foi, non ; je ne connais pas le che-min. Croyez-vous que je connaisse tous les chemins ? Vous avez voulu aller à Ysselmonde ; moi, je vous ai suivie ; et voilà où nous en sommes depuis douze heures

que vous me promenez dans cette forêt, où nous allons
mourir de faim, à moins que nous ne soyons dévorées
par les ours et les sangliers ; et tout cela pour aller à
Ysselmonde où vous serez bien reçue par le prince Hjal-
mar quand il vous verra venir, la peau sur les os, pâle
comme une fille de cire et pauvre comme une qui n'a
rien du tout.

MALEINE

Des hommes !

LA NOURRICE

N'ayez pas peur ! mettez-vous derrière moi.

Entrent trois pauvres.

LES PAUVRES

Bonsoir !

LA NOURRICE

Bonsoir ! où sommes-nous ?

PREMIER PAUVRE

Dans la forêt.

DEUXIÈME PAUVRE

Que faites-vous ici ?

LA NOURRICE

Nous sommes perdues.

DEUXIÈME PAUVRE

Vous êtes seules ?

LA NOURRICE

Oui — non, nous sommes ici avec deux hommes.

DEUXIÈME PAUVRE

Où sont-ils ?

LA NOURRICE

Ils cherchent le chemin.

DEUXIÈME PAUVRE

Est-ce qu'ils sont loin ?

LA NOURRICE

Non, ils vont revenir.

DEUXIÈME PAUVRE

Quelle est cette petite ? c'est votre fille ?

LA NOURRICE

Oui, c'est ma fille.

DEUXIÈME PAUVRE

Elle ne dit rien, est-ce qu'elle est muette ?

LA NOURRICE

Non, elle n'est pas du pays.

DEUXIÈME PAUVRE

Votre fille n'est pas du pays ?

LA NOURRICE

Si, si, mais elle est malade.

DEUXIÈME PAUVRE

Elle est maigre. Quel âge a-t-elle ?

LA NOURRICE

Elle a quinze ans.

DEUXIÈME PAUVRE

Oh ! oh ! alors elle commence... Où sont-ils ces deux hommes ?

LA NOURRICE

Ils doivent être aux environs.

DEUXIÈME PAUVRE

Je n'entends rien.

LA NOURRICE

C'est qu'ils ne font pas de bruit.

DEUXIÈME PAUVRE

Voulez-vous venir avec nous ?

TROISIÈME PAUVRE

Ne dites pas de mauvaises paroles dans la forêt.

MALEINE

Demande-leur le chemin d'Ysselmonde.

LA NOURRICE

Quel est le chemin d'Ysselmonde ?

PREMIER PAUVRE

D'Ysselmonde ?

LA NOURRICE

Oui.

PREMIER PAUVRE

Par là !

MALEINE

Demande-leur ce qui est arrivé.

LA NOURRICE

Qu'est-ce qui est arrivé ?

PREMIER PAUVRE

Ce qui est arrivé ?

LA NOURRICE

Oui ; il y a eu une guerre ?

PREMIER PAUVRE

Oui ; il y a eu une guerre.

MALEINE

Demande-leur s'il est vrai que le roi et la reine soient morts ?

LA NOURRICE

Est-ce que le roi et la reine sont morts ?

PREMIER PAUVRE

Le roi et la reine ?

LA NOURRICE

Oui, le roi Marcellus et la reine Godelive.

PREMIER PAUVRE

Oui, je crois qu'ils sont morts.

MALEINE

Ils sont morts ?

DEUXIÈME PAUVRE

Oui, je crois qu'ils sont morts ; tout le monde est mort de ce côté-là dans le pays.

MALEINE

Mais vous ne savez pas depuis quand ?

DEUXIÈME PAUVRE

Non.

MALEINE

Vous ne savez pas comment ?

DEUXIÈME PAUVRE

Non.

TROISIÈME PAUVRE

Les pauvres ne savent jamais rien.

MALEINE

Avez-vous vu le prince Hjalmar ?

PREMIER PAUVRE

Oui.

DEUXIÈME PAUVRE

Il va se marier.

MALEINE

Le prince Hjalmar va se marier ?

DEUXIÈME PAUVRE

Oui.

MALEINE

Avec qui ?

PREMIER PAUVRE

Je ne sais pas.

MALEINE

Mais quand va-t-il se marier ?

DEUXIÈME PAUVRE

Je ne sais pas.

LA NOURRICE

Où pourrons-nous coucher cette nuit ?

DEUXIÈME PAUVRE

Avec nous.

PREMIER PAUVRE

Allez chez l'ermite.

LA NOURRICE

Quel ermite ?

PREMIER PAUVRE

Là-bas, au carrefour des quatre Judas.

LA NOURRICE

Au carrefour des quatre Judas ?

TROISIÈME PAUVRE

Ne criez pas ce nom dans l'obscurité !

Ils sortent tous.

SCÈNE II

UNE SALLE DANS LE CHÂTEAU

On découvre le roi Hjalmar et la reine Anne enlacés.

ANNE

Mon glorieux vainqueur !

LE ROI

Anne...

Il l'embrasse.

ANNE

Attention, votre fils !

> *Entre le prince Hjalmar ; il va à une fenêtre ouverte, sans les voir.*

LE PRINCE HJALMAR

Il pleut ; un enterrement dans le cimetière : on a creusé deux fosses et le *Dies irae* entre dans la maison. On ne voit que le cimetière par toutes les fenêtres ; il vient manger les jardins du château ; et voilà que les dernières tombes descendent jusqu'à l'étang. On ouvre le cercueil, je vais fermer la fenêtre.

ANNE

Monseigneur !

HJALMAR

Ha ! — Je ne vous avais pas vus.

ANNE

Nous venons d'arriver.

HJALMAR

Ah !

ANNE

À quoi songiez-vous, Seigneur ?

HJALMAR

À rien, Madame.

ANNE

À rien ? C'est pour la fin du mois, Seigneur...

HJALMAR

Pour la fin du mois, Madame ?

ANNE

Vos belles noces...

HJALMAR

Oui, Madame.

ANNE

Mais, approchez-vous donc, Seigneur.

LE ROI

Oui, approche-toi, Hjalmar.

ANNE

Pourquoi donc êtes-vous si froid ? Avez-vous peur de moi ? Vous êtes presque mon fils cependant ; et je vous aime comme une mère ; — et peut-être plus qu'une mère ; — donnez-moi votre main.

HJALMAR

Ma main, Madame ?

ANNE

Oui, votre main, et regardez-moi dans les yeux ; —
n'y voyez-vous pas que je vous aime ? — Vous ne
m'avez jamais embrassée jusqu'ici.

HJALMAR

Vous embrasser, Madame ?

ANNE

Oui, m'embrasser ; n'embrassiez-vous pas votre
mère ? Je voudrais vous embrasser tous les jours. — J'ai
rêvé de vous cette nuit...

HJALMAR

De moi, Madame ?

ANNE

Oui, de vous. Je vous dirai mon rêve un jour. —
Votre main est froide, et vos joues sont brûlantes. Don-
nez-moi l'autre main. Elle est froide aussi et pâle com-
me une main de neige. Je voudrais réchauffer ces
mains-là ! — Êtes-vous malade ?

HJALMAR

Oui, Madame.

ANNE

Notre amour vous guérira.

Ils sortent.

SCÈNE III

UNE RUE DU VILLAGE

Entrent la princesse Maleine et la nourrice.

MALEINE, *se penchant sur le parapet d'un pont :*

Je ne me reconnais plus quand je me vois dans l'eau !

LA NOURRICE

Fermez votre manteau ; on voit les franges d'or de votre robe ; — voici des paysans !

Entrent deux vieux paysans.

PREMIER PAYSAN

Voilà la fille !

SECOND PAYSAN

Celle qui est arrivée aujourd'hui ?

PREMIER PAYSAN

Oui ; avec une vieille.

SECOND PAYSAN

D'où vient-elle ?

PREMIER PAYSAN

On ne sait pas.

SECOND PAYSAN

Alors, ça ne me dit rien de bon.

PREMIER PAYSAN

On en parle dans tout le village.

SECOND PAYSAN

Elle n'est pas extraordinaire cependant.

PREMIER PAYSAN

Elle est maigre.

SECOND PAYSAN

Où demeure-t-elle ?

PREMIER PAYSAN

Au *Lion bleu*.

SECOND PAYSAN

Est-ce qu'elle a de l'argent ?

PREMIER PAYSAN

On dit que oui.

SECOND PAYSAN

Il faudrait voir.

Ils sortent. — Entre un vacher.

LE VACHER

Bonsoir !

MALEINE ET LA NOURRICE

Bonsoir !

LE VACHER

Il fait beau ce soir.

LA NOURRICE

Oui, il fait assez beau.

LE VACHER

C'est grâce à la lune.

LA NOURRICE

Oui.

LE VACHER

Mais il a fait chaud pendant le jour.

LA NOURRICE

Oh ! oui, il a fait chaud pendant le jour.

LE VACHER, *descendant vers l'eau :*

Je m'en vais me baigner !

LA NOURRICE

Vous baigner !

LE VACHER

Oui, je vais me déshabiller ici.

LA NOURRICE

Vous déshabiller devant nous ?...

LE VACHER

Oui.

LA NOURRICE, *à Maleine :*

Venez !

LE VACHER

Vous n'avez jamais vu un homme tout nu ?

> *Entre, en courant, une vieille femme en pleurs, elle va crier à la porte de l'auberge du* Lion bleu.

LA VIEILLE FEMME

Au secours ! au secours ! Mon Dieu ! mon Dieu !
ouvrez donc ! Ils s'assassinent avec de grands cou-
teaux !

DES BUVEURS, *ouvrant la porte :*

Qu'y a-t-il ?

LA VIEILLE FEMME

Mon fils ! mon pauvre fils ! Ils s'assassinent avec de
grands couteaux ! avec de grands couteaux de cuisine !

DES VOIX AUX FENÊTRES

Qu'y a-t-il ?

LES BUVEURS

Une bataille ! Où sont-ils ?

LA VIEILLE FEMME

Derrière *l'Étoile d'or*, il se bat avec le forgeron à cause
de cette fille qui est venue au village aujourd'hui, ils
saignent déjà tous les deux !

LES BUVEURS

Ils saignent déjà tous les deux ?

LA VIEILLE FEMME

Il y a déjà du sang sur les murs !

LES BUVEURS

Allons voir ! Où sont-ils ?

LA VIEILLE FEMME

Derrière *l'Étoile d'or*, on peut les voir d'ici.

LES BUVEURS

On peut les voir d'ici ? — avec de grands couteaux de cuisine ? — comme ils doivent saigner ! — Attention, le prince ! *(Ils rentrent tous dans l'auberge du Lion bleu entraînant la vieille femme qui crie et se débat. — Entrent le prince Hjalmar et Angus.)*

MALEINE, *à la nourrice :*

Hjalmar !

LA NOURRICE

Cachez-vous !

Elles sortent.

ANGUS

Avez-vous vu cette petite paysanne ?

HJALMAR

Entrevue... entrevue...

ANGUS

Elle est étrange.

HJALMAR

Je ne l'aime pas.

ANGUS

Moi, je la trouve admirable ; et je vais en parler à la princesse Uglyane. Il lui faut une suivante. Oh ! comme vous êtes pâle !

HJALMAR

Je suis pâle ?

ANGUS

Extraordinairement pâle ! Êtes-vous malade ?

HJALMAR

Non ; c'est cette journée d'automne si étrangement
chaude ; j'ai cru vivre tout le jour dans une salle pleine
de fiévreux ; et maintenant, cette nuit froide comme
une cave ! Je ne suis pas sorti du château aujourd'hui et
cette humidité du soir m'a saisi dans l'avenue.

ANGUS

Prenez garde ! Il y a beaucoup de malades au
village.

HJALMAR

Oui, ce sont les marais ; et voilà que je suis au milieu
des marais, moi aussi !

ANGUS

Quoi ?

HJALMAR

J'ai entrevu aujourd'hui les flammes de péchés aux-
quels je n'ose pas encore donner un nom !

ANGUS

Je ne comprends pas.

HJALMAR

Je n'ai pas compris non plus certains mots de la reine
Anne, mais j'ai peur de comprendre !

ANGUS

Mais qu'est-il arrivé ?

HJALMAR

Peu de chose ; mais j'ai peur de ce que je verrai de l'autre côté de mes noces... Oh ! oh ! regardez donc, Angus !

> *Ici l'on voit le roi et la reine Anne qui s'embrassent à une fenêtre du château.*

ANGUS

Attention ! ne regardez pas, ils vont nous voir.

HJALMAR

Non, nous sommes dans l'obscurité et leur chambre est éclairée. Mais voyez donc comme le ciel devient rouge au-dessus du château !

ANGUS

Il y aura une tempête demain.

HJALMAR

Elle ne l'aime pas cependant...

ANGUS

Allons-nous-en !

HJALMAR

Je n'ose plus regarder ce ciel-là ; et Dieu sait quelles couleurs il a pris au-dessus de nous aujourd'hui ! Vous ne savez pas ce que j'ai entrevu cet après-midi dans ce château que je crois vénéneux, et où les mains de la reine Anne m'ont mis en sueur plus que ce soleil de septembre sur les murs !

ANGUS

Mais qu'est-il donc arrivé ?

HJALMAR

N'en parlons plus ! — Où est-elle, cette petite pay-
sanne ?

Cris dans l'auberge du Lion bleu.

ANGUS

Qu'est-ce que c'est ?

HJALMAR

Je ne sais ; il y a eu toute l'après-midi une étrange
agitation dans le village. Allons-nous-en, vous compren-
drez un jour ce que j'ai dit.

Ils sortent.

UN BUVEUR, *ouvrant la porte de l'auberge :*

Il est parti !

TOUS LES BUVEURS, *sur le seuil :*

Il est parti ? — Maintenant nous pouvons voir ! —
Comme ils doivent saigner ! Ils sont peut-être morts !

Ils sortent tous.

SCÈNE IV

UN APPARTEMENT DU CHÂTEAU

*On découvre la reine Anne, la princesse Uglyane, la princesse
Maleine, vêtue comme une suivante, et une suivante.*

ANNE

Apportez un autre manteau. — Je crois que le vert
vaudra mieux.

UGLYANE

Je n'en veux pas ; — un manteau de velours vert
paon, sur une robe vert d'eau !

ANNE

Je ne sais pas.

UGLYANE

Je ne sais pas ! je ne sais pas ! Vous ne savez jamais
quand il s'agit des autres !

ANNE

Voyons, ne te fâche pas ! J'ai cru bien faire en te
disant cela ; tu vas arriver toute rouge au rendez-vous.

UGLYANE

Je vais arriver toute rouge au rendez-vous ! Ah ! c'est
à se jeter par les fenêtres ! Vous ne savez plus qu'imagi-
ner pour me faire souffrir !

ANNE

Uglyane ! Uglyane ! Voyons, voyons. — Apportez un
autre manteau.

LA SUIVANTE

Celui-ci, Madame ?

UGLYANE

Oui. — Oh ! oui !

ANNE

Oui ; — tourne-toi ; — oui, oui, cela vaut infiniment
mieux.

UGLYANE

Et mes cheveux ? — ainsi ?

ANNE

Il faudrait les lisser un peu plus sur le front.

UGLYANE

Où est mon miroir ?

ANNE

Où est son miroir ? *À Maleine.* Vous ne faites rien, vous ? Apportez son miroir ! — Elle est ici depuis huit jours et elle ne saura jamais rien ! — Est-ce que vous venez de la lune ? — Allons ! arrivez donc ! Où êtes-vous ?

MALEINE

Ici, Madame.

UGLYANE

Mais ne penchez pas ainsi ce miroir ! — J'y vois tous les saules pleureurs du jardin, ils ont l'air de pleurer sur votre visage.

ANNE

Oui, ainsi ! — mais laisse-les s'étaler sur le dos. — Malheureusement il fera trop noir dans le bois...

UGLYANE

Il fera noir ?

ANNE

Il ne te verra pas, — il y a de gros nuages sur la lune.

UGLYANE

Mais pourquoi veut-il que je vienne au jardin ! Si c'était au mois de juillet, ou bien pendant le jour ; mais le soir, en automne ! il fait froid ! il pleut ! il y a du vent ! Mettrai-je des bijoux ?

ANNE

Évidemment. — Mais nous allons...

Elle lui parle à l'oreille.

UGLYANE

Oui.

ANNE, *à Maleine et à la suivante :*

Allez-vous-en, et ne revenez pas avant qu'on vous appelle.

Sortent la princesse Maleine et la suivante.

SCÈNE V

UN CORRIDOR DU CHÂTEAU

Entre la princesse Maleine. — Elle va frapper à une porte au bout du corridor.

ANNE, *à l'intérieur :*

Qui est là ?

MALEINE

Moi !

ANNE

Qui, vous ?

MALEINE

La princesse Ma... la nouvelle suivante.

ANNE, *entre-bâillant la porte :*

Que venez-vous faire ici ?

MALEINE

Je viens de la part...

ANNE

N'entrez pas ! Eh bien ?

MALEINE

Je viens de la part du prince Hjalmar...

ANNE

Oui, oui, elle vient ! elle vient ! un moment ! Il n'est pas encore huit heures, — laissez-nous !

MALEINE

Un officier m'a dit qu'il était absent.

ANNE

Qui est absent ?

MALEINE

Le prince Hjalmar.

ANNE

Le prince Hjalmar est absent ?

MALEINE

Il a quitté le château !

ANNE

Où est-il allé ?

UGLYANE, *de l'intérieur :*

Qu'est-ce qu'il y a ?

ANNE

Le prince a quitté le château !

UGLYANE, *par l'entre-bâillement de la porte :*

Quoi ?

ANNE

Le prince a quitté le château !

MALEINE

Oui.

UGLYANE

Ce n'est pas possible !

ANNE

Où est-il allé ?

MALEINE

Je ne sais pas. Je crois qu'il est allé vers la forêt ; et il fait dire qu'il ne pourra pas venir au rendez-vous.

ANNE

Qui vous a dit cela ?

MALEINE

Un officier.

ANNE

Quel officier ?

MALEINE

Je ne sais pas son nom.

ANNE

Où est-il, cet officier ?

MALEINE

Il est parti avec le prince.

ANNE

Pourquoi n'est-il pas venu lui-même ?

MALEINE

J'ai dit que vous vouliez être seules.

ANNE

Qui vous avait chargée de dire cela ? Qu'est-il donc arrivé ? Allez-vous-en !

La porte se referme. Maleine sort.

SCÈNE VI

UN BOIS DANS UN PARC

HJALMAR

Elle m'a dit de l'attendre auprès du jet d'eau. Je veux la voir enfin en présence du soir... Je veux voir si la nuit la fera réfléchir. — Est-ce qu'elle aurait un peu de silence dans le cœur ? — Je n'ai jamais vu ce bois d'automne plus étrange que ce soir. Je n'ai jamais vu ce bois plus obscur que ce soir ; à quelles clartés allons-nous donc nous voir ? Je ne distingue pas mes mains ! — Mais qu'est-ce que toutes ces lueurs autour de moi ? Tous les hiboux du parc sont donc venus ici ! Allez-vous-en ! Allez-vous-en ! au cimetière ! auprès des morts ! *Il leur jette de la terre.* Est-ce qu'on vous invite aux nuits de noces ? Voilà que j'ai des mains de fossoyeur à présent.

— Oh ! je ne reviendrai pas souvent ! — Attention ! elle vient ! — Est-ce que c'est le vent ? — Oh ! comme les feuillages tombent autour de moi ! — Mais il y a là un arbre qui se dépouille absolument ! Et comme les nuages s'agitent sur la lune ! — Mais ce sont des feuilles de saule pleureur qui tombent ainsi sur mes mains ! — Je n'ai jamais vu ce bois plus étrange que ce soir ! — Je n'ai jamais vu plus de présages que ce soir. — Elle est là !

Entre la princesse Maleine.

MALEINE

Où êtes-vous, Seigneur ?

HJALMAR

Ici.

MALEINE

Où donc ? — Je ne vois pas.

HJALMAR

Ici, près du jet d'eau. — Nous nous entreverrons à la clarté de l'eau. Il fait étrange ici ce soir.

MALEINE

Oui ; — j'ai peur ! — ah ! je vous ai trouvé !

HJALMAR

Pourquoi tremblez-vous ?

MALEINE

Je ne tremble pas.

HJALMAR

Je ne vous vois pas. — Venez ici ; il fait plus clair, et renversez un peu la tête vers le ciel. — Vous êtes étrange aussi ce soir ! — On dirait que mes yeux se sont ouverts ce soir. — On dirait que mon cœur s'est entr'ouvert ce soir... — Mais je crois que vous êtes vraiment belle ! — Mais vous êtes étrangement belle, Uglyane ! — Il me semble que je ne vous ai jamais regardée jusqu'ici ! — Il y a quelque chose autour de vous ce soir... — Allons ailleurs, à la lumière ! Venez !

MALEINE

Pas encore.

HJALMAR

Uglyane ! Uglyane !

> *Il l'embrasse ; ici le jet d'eau, agité par le vent, se penche et vient retomber sur eux.*

MALEINE

J'ai peur !

HJALMAR

Allons plus loin...

MALEINE

Quelqu'un pleure ici...

HJALMAR

Mais n'entendez-vous pas que c'est le vent ?

MALEINE

Mais qu'est-ce que tous ces yeux sur les arbres ?

HJALMAR

Où donc ? Oh ! ce sont les hiboux qui sont revenus ! Je vais les chasser. *Il leur jette de la terre.* Allez-vous-en ! allez-vous-en !

MALEINE

Il y en a un qui ne veut pas s'en aller !

HJALMAR

Où est-il ?

MALEINE

Sur le saule pleureur.

HJALMAR

Allez-vous-en !

Il lui jette de la terre.

MALEINE

Oh ! vous avez jeté de la terre sur moi !

HJALMAR

Oh ! ma pauvre Uglyane !

MALEINE

J'ai peur !

HJALMAR

Vous avez peur auprès de moi ?

MALEINE

Il y a là des flammes entre les arbres.

HJALMAR

Ce n'est rien ; — ce sont des éclairs, il a fait très chaud aujourd'hui.

MALEINE

J'ai peur ! Oh ! qui est-ce qui remue la terre autour de nous ?

HJALMAR

Ce n'est rien, c'est une taupe, une pauvre petite taupe qui travaille.

MALEINE

J'ai peur !...

HJALMAR

Mais nous sommes dans le parc...

MALEINE

Y a-t-il des murs autour du parc ?

HJALMAR

Mais oui ; il y a des murs et des fossés autour du parc.

MALEINE

Et personne ne peut entrer ?

HJALMAR

Non ; — mais il y a bien des choses inconnues qui entrent malgré tout.

Un silence.

MALEINE

Je suis triste !

HJALMAR

Vous êtes triste ? À quoi songez-vous, Uglyane ?

MALEINE

Je songe à la princesse Maleine.

HJALMAR

Vous dites ?

MALEINE

Je songe à la princesse Maleine.

HJALMAR

Vous connaissez la princesse Maleine ?

MALEINE

Je suis la princesse Maleine.

HJALMAR

Quoi ?

MALEINE

Je suis la princesse Maleine.

HJALMAR

Vous n'êtes pas Uglyane ?

MALEINE

Je suis la princesse Maleine.

HJALMAR

Vous êtes la princesse Maleine ! Mais elle est morte !

MALEINE

Je suis la princesse Maleine.

> *Ici la lune passe entre les arbres et éclaire la princesse Maleine.*

HJALMAR

Oh ! Maleine ! — Mais d'où venez-vous ? et comment

êtes-vous venue jusqu'ici ? Mais comment êtes-vous venue jusqu'ici ?

MALEINE

Je ne sais pas.

HJALMAR

Mon Dieu ! mon Dieu ! D'où me suis-je évadé aujourd'hui ! Et quelle pierre vous avez soulevée cette nuit ! Mon Dieu ! mon Dieu ! de quel tombeau suis-je sorti ce soir ! — Maleine ! Maleine ! qu'allons-nous faire ? — Maleine !... Je crois que je suis dans le ciel jusqu'au cœur !...

MALEINE

Oh ! moi aussi !

> *Ici le jet d'eau sanglote étrangement et meurt.*

TOUS DEUX, *se retournant :*

Oh !

HJALMAR

Ne pleurez pas ; n'ayez pas peur. C'est le jet d'eau qui sanglote...

MALEINE

Qu'est-ce qui arrive ici ? qu'est-ce qui va arriver ? Je veux m'en aller ! je veux m'en aller ! je veux m'en aller !

HJALMAR

Ne pleurez pas !

MALEINE

Je veux m'en aller !

HJALMAR

Il est mort ; allons ailleurs.

Ils sortent.

Acte troisième

SCÈNE PREMIÈRE

UN APPARTEMENT DU CHÂTEAU

On découvre le roi. — Entre le prince Hjalmar.

HJALMAR

Mon père ?

LE ROI

Hjalmar ?

HJALMAR

J'aurais à vous parler, mon père.

LE ROI

De quoi voulez-vous me parler ?

HJALMAR

Vous êtes malade, mon père ?

LE ROI

Oui ; je suis malade, et voyez comme je deviens vieux ! Presque tous mes cheveux sont tombés ; voyez

comme mes mains tremblent ; et je crois que j'ai toutes
les flammes de l'enfer dans la tête !

HJALMAR

Mon père ! mon pauvre père ! Il faudrait vous éloi-
gner ; aller ailleurs peut-être... Je ne sais pas...

LE ROI

Je ne puis pas m'éloigner ! — Pourquoi êtes-vous
venu ? J'attends quelqu'un.

HJALMAR

J'avais à vous parler.

LE ROI

De quoi ?

HJALMAR

De la princesse Maleine.

LE ROI

De quoi ? — Je n'entends presque plus.

HJALMAR

De la princesse Maleine. La princesse Maleine est
revenue.

LE ROI

La princesse Maleine est revenue ?

HJALMAR

Oui.

LE ROI

Mais elle est morte !

HJALMAR

Elle est revenue.

LE ROI

Mais je l'ai vue morte !

HJALMAR

Elle est revenue.

LE ROI

Où est-elle ?

HJALMAR

Ici.

LE ROI

Ici, dans le château ?

HJALMAR

Oui.

LE ROI

Montrez-la ! Je veux la voir !

HJALMAR

Pas encore. — Mon père, je ne peux plus épouser Uglyane.

LE ROI

Vous ne pouvez plus épouser Uglyane ?

HJALMAR

Je n'ai jamais aimé que la princesse Maleine.

LE ROI

Ce n'est pas possible, Hjalmar !... Hjalmar !... Mais elle va s'en aller !...

HJALMAR

Qui ?

LE ROI

Anne !

HJALMAR

Il faudrait l'y préparer peu à peu.

LE ROI

Moi ? — l'y préparer ? — Écoutez... je crois qu'elle monte l'escalier. Hjalmar, attendez !...

Il sort.

HJALMAR

Mon père ! mon pauvre père ! — Elle le fera mourir avant la fin du mois !

Rentre le roi.

LE ROI

Ne l'avertissez pas encore aujourd'hui !

Il sort.

HJALMAR

Je crois que je l'entends dans l'oratoire. — Elle va venir ici. — Depuis quelques jours elle me suit comme mon ombre. *(Entre la reine Anne.)* Bonsoir, Madame.

ANNE

Ah ! c'est vous, Hjalmar. — Je ne m'attendais pas...

HJALMAR

J'avais à vous parler, Madame.

ANNE

Vous n'aviez jamais rien à me dire... Sommes-nous seuls ?

HJALMAR

Oui, Madame.

ANNE

Alors venez ici. Asseyez-vous ici.

HJALMAR

Ce n'est qu'un mot, Madame. — Avez-vous entendu parler de la princesse Maleine ?

ANNE

De la princesse Maleine ?

HJALMAR

Oui, Madame.

ANNE

Oui, Hjalmar ; mais elle est morte.

HJALMAR

On dit qu'elle vit peut-être.

ANNE

Mais c'est le roi lui-même qui l'a tuée.

HJALMAR

On dit qu'elle vit peut-être.

ANNE

Tant mieux pour elle.

HJALMAR

Vous la verrez peut-être.

ANNE

Dans l'autre monde ?

HJALMAR

Ah !...

Il sort.

ANNE

Où allez-vous, Seigneur ? et pourquoi fuyez-vous ? —
Mais pourquoi fuyez-vous ?

Elle sort.

SCÈNE II

UNE SALLE D'APPARAT DANS LE CHÂTEAU

*On découvre le roi, la reine Anne, Hjalmar, Uglyane,
Angus, des dames d'honneur, des seigneurs, etc. — On danse.
Musique.*

ANNE

Venez, ici, Monseigneur ; vous me semblez transfigu-
ré ce soir.

HJALMAR

Ma fiancée n'est-elle pas près de moi ?

ANNE

Laissez-moi mettre un peu la main sur votre cœur.
Oh ! il bat déjà des ailes comme s'il voulait voler vers je
ne sais quel ciel !

HJALMAR

C'est votre main qui le retient, Madame.

ANNE

Je ne comprends pas... je ne comprends pas. Vous
m'expliquerez cela plus tard. *Au roi.* Vous êtes triste,
Seigneur ; à quoi songez-vous ?

LE ROI

Moi ? — Je ne suis pas triste, mais je deviens très
vieux.

ANNE

Voyons, ne dites pas cela un soir de fête ! Admirez
plutôt votre fils ; n'est-il pas admirable ainsi en pour-
point de soie noire et violette ? et n'ai-je pas choisi un
bel époux pour ma fille ?

HJALMAR

Madame, je vais retrouver Angus. Il jettera un peu
d'eau sur le feu tandis que vous n'y versez que de
l'huile.

ANNE

Mais ne nous revenez pas tout transi de la pluie de
ses sages paroles...

HJALMAR

Elles tomberont en plein soleil !

ANGUS

Hjalmar ! Hjalmar !

HJALMAR

Oh ! je sais ce que vous allez dire ; mais il n'est pas question de ce que vous croyez.

ANGUS

Je ne vous reconnais plus ; — mais que vous est-il donc arrivé hier soir ?

HJALMAR

Hier soir ? — Oh, il est arrivé d'étranges choses ! — Mais j'aime mieux ne pas en parler à présent. Allez une nuit dans le bois du parc, près du jet d'eau ; et vous remarquerez que c'est à certains moments seulement, et lorsqu'on les regarde, que les choses se tiennent tranquilles comme des enfants sages et ne semblent pas étranges et bizarres ; mais dès qu'on leur tourne le dos, elles vous font des grimaces et vous jouent de mauvais tours.

ANGUS

Je ne comprends pas.

HJALMAR

Moi non plus ; mais j'aime mieux être au milieu des hommes ; fussent-ils tous contre moi.

ANGUS

Quoi ?

HJALMAR

Ne vous éloignez pas.

ANGUS

Pourquoi ?

HJALMAR

Je ne sais pas encore.

ANNE

Avez-vous bientôt fini, Monseigneur ? On n'aban-
donne pas ainsi sa fiancée !

HJALMAR

J'accours, Madame.

HJALMAR, *à Uglyane :*

Angus vient de me raconter une étrange aventure,
Uglyane.

UGLYANE

Vraiment ?

HJALMAR

Oui. — Il s'agit d'une jeune fille ; une pauvre jeune
fille qui a perdu tous les biens qu'elle avait...

UGLYANE

Oh !

HJALMAR

Et elle veut l'épouser malgré tout. Elle l'attend au jar-
din tous les soirs ; elle le poursuit au clair de lune ; il n'a
plus un instant de repos.

UGLYANE

Que va-t-il faire ?

HJALMAR

Il n'en sait rien. Je lui ai dit de faire lever les ponts-levis, et de mettre un homme d'armes à chaque porte, afin qu'elle ne puisse plus entrer : il ne veut pas.

UGLYANE

Pourquoi ?

HJALMAR

Je n'en sais rien. — Oh ! ma chère Uglyane !

ANGUS, *à Hjalmar* :

Ne grelottez-vous pas en entrant dans les grottes de glace du mariage ?

HJALMAR

Nous en ferons des grottes de flammes !

LE ROI, *très haut* :

Je ne vois pas du tout danser ici.

ANNE

Mais vous êtes à trois pas des danseurs, Monseigneur.

LE ROI

Je croyais en être très loin.

ANGUS, *à Hjalmar* :

Avez-vous remarqué comme votre père a l'air pâle et fatigué depuis quelque temps ?

HJALMAR

Oui, oui...

ANGUS

Il vieillit étrangement.

LE ROI, *très haut :*

Je crois que la mort commence à frapper à ma porte !

> *Ils tressaillent tous. — Silence. — La musique cesse subitement et on entend frapper à une porte.*

ANNE

On frappe à la petite porte !

HJALMAR

Entrez !

> *La porte s'entr'ouvre et on aperçoit, dans l'entre-bâillement, la princesse Maleine en longs vêtements blancs de fiancée.*

ANNE

Qui est-ce qui entre ?

HJALMAR

La princesse Maleine !

ANNE

Qui ?

HJALMAR

La princesse Maleine !

LE ROI

Fermez la porte !

TOUS

Fermez la porte !

HJALMAR

Pourquoi fermer la porte ?

Le roi tombe.

ANGUS

Au secours ! le roi se trouve mal !

HJALMAR

Mon père ! — Aidez-moi !...

UN SEIGNEUR

Ouvrez les fenêtres !

ANGUS

Écartez-vous ! Écartez-vous !

HJALMAR

Appelez un médecin ! Portons-le sur son lit ! Aidez-moi !

ANGUS

Il y a une étrange tempête au-dessus du château.

Ils sortent tous.

SCÈNE III

DEVANT LE CHÂTEAU

Entrent le roi et la reine Anne.

LE ROI

Mais on pourrait peut-être éloigner la petite ?

ANNE

Et la revoir le lendemain ? — ou bien faut-il attendre une mer de misères ? faut-il attendre que Hjalmar la rejoigne ? — faut-il...

LE ROI

Mon Dieu ! mon Dieu ! que voulez-vous que je fasse ?

ANNE

Vous ferez ce que vous voudrez ; vous avez à choisir entre cette fille et moi.

LE ROI

On ne sait jamais ce qu'il pense...

ANNE

Je sais qu'il ne l'aime pas. Il l'a crue morte. Avez-vous vu couler une larme sur ses joues ?

LE ROI

Elles ne coulent pas toujours sur les joues.

ANNE

Il ne se serait pas jeté dans les bras d'Uglyane.

LE ROI

Attendez quelques jours. — Il pourrait en mourir.

ANNE

Nous attendrons. — Il ne s'en apercevra pas.

LE ROI

Je n'ai pas d'autre enfant...

ANNE

Mais c'est pourquoi il faut le rendre heureux. — Attention ! il arrive avec sa mendiante de cire ; il l'a promenée autour des marais, et l'air du soir l'a déjà rendue plus verte qu'une noyée de quatre semaines. *Entrent le prince Hjalmar et la princesse Maleine.* Bonsoir, Hjalmar ! — Bonsoir, Maleine ! vous avez fait une belle promenade ?

HJALMAR

Oui, Madame.

ANNE

Il vaut mieux cependant ne pas sortir le soir. Il faut que Maleine soit prudente. Elle me semble un peu pâle déjà. L'air des marais est très pernicieux.

MALEINE

On me l'a dit, Madame.

ANNE

Oh ! c'est un véritable poison !

HJALMAR

Nous n'étions pas sortis de toute la journée ; et le clair de lune nous a entraînés ; nous avons été voir les moulins à vent le long du canal.

ANNE

Il faut être prudente au commencement ; j'ai été malade, moi aussi.

LE ROI

Tout le monde est malade en venant ici.

HJALMAR

Il y a beaucoup de malades au village.

LE ROI

Et beaucoup de morts au cimetière !

ANNE

Voyons ! n'effrayez pas cette enfant !

Entre le fou.

HJALMAR

Maleine, le fou !

MALEINE

Oh !

ANNE

Vous ne l'aviez pas encore vu, Maleine ? N'ayez pas peur, n'ayez pas peur ; il ne fait pas de mal. Il erre ainsi tous les soirs.

HJALMAR

Il va, toutes les nuits, creuser des fosses dans les vergers.

MALEINE

Pourquoi ?

HJALMAR

On ne sait pas.

MALEINE

Est-ce moi qu'il montre du doigt ?

HJALMAR

Oui, n'y fais pas attention.

MALEINE

Il fait le signe de croix !

LE FOU

Oh ! oh ! oh !

MALEINE

J'ai peur !

HJALMAR

Il a l'air épouvanté.

LE FOU

Oh ! oh ! oh !

HJALMAR

Il s'en va.

Sort le fou.

ANNE

À quand les noces, Maleine ?

HJALMAR

Avant la fin du mois, si mon père y consent.

LE ROI

Oui, oui...

ANNE

Vous savez que je reste ici jusqu'à vos noces ; et Uglyane aussi ; oh ! la pauvre Uglyane ! Hjalmar, Hjalmar, l'avez-vous abandonnée !

HJALMAR

Madame !...

ANNE

Oh ! n'ayez pas de remords, il vaut mieux vous le dire aujourd'hui ; elle obéissait à son père plus qu'à son cœur ; elle vous aimait cependant ; mais que voulez-vous ? elle a été élevée et a passé son enfance avec le prince Orsic, son cousin, et cela ne s'oublie pas ; elle a pleuré toutes les larmes de son petit cœur en le quittant, et j'ai dû la traîner jusqu'ici.

MALEINE

Il y a quelque chose de noir qui arrive.

LE ROI

De qui parlez-vous ?

HJALMAR

Quoi ?

MALEINE

Il y a quelque chose de noir qui arrive.

HJALMAR

Où donc ?

MALEINE

Là-bas ; dans le brouillard, du côté du cimetière.

HJALMAR

Ah ! ce sont les sept béguines.

MALEINE

Sept béguines !

ANNE

Oui ; elles viennent filer pour vos noces.

Entrent la nourrice et sept béguines.

LA NOURRICE

Bonsoir ! Bonsoir, Maleine !

LES SEPT BÉGUINES

Bonsoir !

TOUS

Bonsoir, mes sœurs !

MALEINE

Oh ! qu'est-ce qu'elle porte ?

HJALMAR

Qui ?

MALEINE

La troisième, la vieille.

LA NOURRICE

C'est de la toile pour vous, Maleine.

*Sortent les sept béguines. — On entend son-
ner une cloche.*

HJALMAR

On sonne les vêpres ; — viens, Maleine.

MALEINE

J'ai froid !

HJALMAR

Tu es pâle, rentrons !

MALEINE

Oh ! comme il y a des corbeaux autour de nous !

Croassements.

HJALMAR

Viens !

MALEINE

Mais qu'est-ce que toutes ces flammes sur les marais ?

Feux follets sur les marais.

LA NOURRICE

On dit que ce sont des âmes.

HJALMAR

Ce sont des feux follets. — Viens.

MALEINE

Oh ! il y en a un très long qui va au cimetière !

HJALMAR

Viens, viens.

LE ROI

Je rentre aussi. — Anne, venez-vous ?

ANNE

Je vous suis. *(Sortent le roi, Hjalmar et Maleine.)* Maleine m'a l'air un peu malade. Il faudra la soigner.

LA NOURRICE

Elle est un peu pâle, Madame. Mais elle n'est pas malade. Elle est plus forte que vous ne le croyez.

ANNE

Je ne serais pas étonnée si elle tombait malade...

Elle sort avec la nourrice.

SCÈNE IV

UNE CHAMBRE DANS LA MAISON
DU MÉDECIN

Entre le médecin.

LE MÉDECIN

Elle m'a demandé du poison ; il y a un mystère au-dessus du château et je crois que ses murs vont tomber sur nos têtes ; et malheur aux petits qui sont dans la maison ! Il y a déjà d'étranges rumeurs autour de nous ; et il me semble que de l'autre côté de ce monde on commence à s'inquiéter un peu de l'adultère. En atten-dant, ils entrent dans la misère jusqu'aux lèvres ; et le vieux roi va mourir dans le lit de la reine avant la fin du mois... Il blanchit étrangement depuis quelques semai-nes et son esprit commence à chanceler en même temps que son corps. Il ne faut pas que je me trouve au milieu des tempêtes qui vont venir, il serait temps de s'en aller, et je n'ai pas envie d'entrer aveuglément avec elle en cet enfer ! Il faut que je lui donne quelque poison presque inoffensif, qui lui fasse illusion ; et j'ouvrirai les yeux avant qu'on ne ferme un tombeau. En attendant, je m'en lave les mains... Je ne veux pas mourir en essayant de soutenir une tour qui s'écroule !

Il sort.

SCÈNE V

UNE COUR DU CHÂTEAU

Entre le roi.

LE ROI

Mon Dieu, mon Dieu ! Je voudrais être ailleurs ! Je voudrais pouvoir dormir jusqu'à la fin du mois et que je serais heureux de mourir ! Elle me conduit comme un pauvre épagneul, elle va m'entraîner dans une forêt de crimes, et les flammes de l'enfer sont au bout de ma route ! Mon Dieu, si je pouvais revenir sur mes pas ! Mais n'y avait-il pas moyen d'éloigner la petite ? J'ai pleuré ce matin en la voyant malade ! Si elle pouvait quitter ce château vénéneux !... Je voudrais m'en aller n'importe où ! n'importe où ! Je voudrais voir les tours s'écrouler dans l'étang ! Il me semble que tout ce que je mange est empoisonné ; et je crois que le ciel est vénéneux ce soir ! — Mais ce poison, mon Dieu, dans ce pauvre petit corps blanc !... oh ! oh ! oh ! *Entre la reine Anne.* Ils arrivent ?

ANNE

Oui, ils viennent.

LE ROI

Je m'en vais.

ANNE

Quoi ?

LE ROI

Je m'en vais ; je ne puis plus voir cela.

ANNE

Qu'est-ce que c'est ? Vous allez rester. Asseyez-vous
là. N'ayez pas l'air étrange !

LE ROI

J'ai l'air étrange ?

ANNE

Oui. Ils s'en apercevront. Ayez l'air plus heureux.

LE ROI

Oh ! oh ! heureux !

ANNE

Voyons, taisez-vous ; ils sont là.

LE ROI

Mon Dieu ! mon Dieu ! comme elle est pâle !

*Entrent le prince Hjalmar, Maleine et le petit
Allan.*

ANNE

Eh bien, Maleine, comment allez-vous ?

MALEINE

Un peu mieux ; un peu mieux.

ANNE

Vous avez meilleure mine ; asseyez-vous ici, Maleine.

J'ai fait apporter des coussins ; l'air est très pur ce soir.

LE ROI

Il y a des étoiles.

ANNE

Je n'en vois pas.

LE ROI

Je croyais en voir là-bas.

ANNE

Où sont vos idées ?

LE ROI

Je ne sais pas.

ANNE

Êtes-vous bien ainsi, Maleine ?

MALEINE

Oui, oui.

ANNE

Êtes-vous fatiguée ?

MALEINE

Un peu, Madame.

ANNE

Je vais mettre ce coussin sous votre coude.

MALEINE

Merci, Madame.

HJALMAR

Elle est si résignée ! Oh ma pauvre Maleine !

ANNE

Voyons, voyons ; ce n'est rien. Il faut du courage ;
c'est l'air des marais. Uglyane est malade, elle aussi.

HJALMAR

Uglyane est malade ?

ANNE

Elle est malade comme Maleine ; elle ne quitte plus
sa chambre.

LE ROI

Maleine ferait mieux de quitter le château.

ANNE

Quoi ?

LE ROI

Je disais que Maleine ferait peut-être mieux d'aller
ailleurs...

HJALMAR

Je l'ai dit également.

ANNE

Où irait-elle ?

LE ROI

Je ne sais pas.

ANNE

Non, non, il vaut mieux qu'elle reste ici ; elle se fera à
l'air des marais. Mon Dieu, j'ai été malade moi aussi ;

où la soignera-t-on mieux qu'ici ? Est-ce qu'il ne vaut
pas mieux qu'elle reste ici ?

LE ROI

Oh ! oh !

ANNE

Quoi ?

LE ROI

Oui ! oui !

ANNE

Ah ! — Voyons, Allan ; qu'as-tu donc à nous obser-
ver ainsi ? Viens m'embrasser ; et va-t'en jouer à la
balle.

LE PETIT ALLAN

Est-ce que Ma-aleine est ma-alade ?

ANNE

Oui, un peu.

LE PETIT ALLAN

Très, très, très ma-alade ?

ANNE

Non, non.

LE PETIT ALLAN

Elle jouera plus a-avec moi ?

ANNE

Si, si, elle jouera encore avec toi ; n'est-ce pas, Ma-
leine ?

LE PETIT ALLAN

Oh ! le mou-oulin il s'est a-arrêté !

ANNE

Quoi ?

LE PETIT ALLAN

Là-à, le mou-oulin noir !

ANNE

Eh bien, c'est que le meunier est allé se coucher.

LE PETIT ALLAN

Est-ce qu'il est ma-alade ?

ANNE

Je n'en sais rien ; allons, tais-toi ; va jouer.

LE PETIT ALLAN

Pourquoi Ma-aleine ferme les yeux ?

ANNE

Elle est fatiguée.

LE PETIT ALLAN

Ou-ouvrez les yeux, Ma-aleine !

ANNE

Allons, laisse-nous tranquilles maintenant ; va jouer...

LE PETIT ALLAN

Ou-ouvrez les yeux, Ma-aleine !

ANNE

Va jouer ; va jouer. Ah ! vous avez mis votre manteau de velours noir, Maleine ?

MALEINE

Oui, Madame.

HJALMAR

Il est un peu triste.

ANNE

Il est admirable ! *Au roi.* L'avez-vous vu, Seigneur ?

LE ROI

Moi ?

ANNE

Oui, vous.

LE ROI

Quoi ?

ANNE

Où êtes-vous ? Je parle du manteau de velours noir.

LE ROI

Il y a là un cyprès qui me fait des signes !

ANNE

Vous vous êtes endormi ? Est-ce que vous rêvez ?

LE ROI

Moi ?

ANNE

Je parlais du manteau de velours noir.

LE ROI

Ah ! — oui, il est très beau...

ANNE

Ah ! ah ! ah ! il s'était endormi ! — Mais comment vous trouvez-vous, Maleine ?

MALEINE

Mieux, mieux.

LE ROI

Non, non, c'est trop terrible !

HJALMAR

Qu'est-ce qu'il y a ?

ANNE

Qu'est-ce qui est terrible ?

LE ROI

Rien ! rien !

ANNE

Mais faites attention à ce que vous dites ! Vous effrayez tout le monde !

LE ROI

Moi ? J'effraye tout le monde ?

ANNE

Mais ne répétez pas toujours ce que l'on dit ! Qu'avez-vous donc ce soir ? Vous êtes malade ?

HJALMAR

Vous avez sommeil, mon père ?

LE ROI

Non, non, je n'ai pas sommeil !

ANNE

A qui songez-vous ?

LE ROI

Maleine ?

MALEINE

Sire ?

LE ROI

Je ne vous ai pas encore embrassée ?

MALEINE

Non, Sire.

LE ROI

Est-ce que je puis vous embrasser ce soir ?

MALEINE

Mais oui, Sire.

LE ROI, *l'embrassant :*

Oh, Maleine ! Maleine !

MALEINE

Sire ? — Qu'est-ce que vous avez ?

LE ROI

Mes cheveux blanchissent, voyez-vous !

MALEINE

Vous m'aimez un peu aujourd'hui ?

LE ROI

Oh ! oui, Maleine !... Donne-moi ta petite main ! — Oh ! oh ! elle est chaude encore comme une petite flamme...

MALEINE

Qu'y a-t-il ? — Mais qu'est-ce qu'il y a ?

ANNE

Voyons ! voyons ! Vous la faites pleurer...

LE ROI

Je voudrais être mort !

ANNE

Ne dites plus de pareilles choses le soir !

HJALMAR

Allons-nous-en.

Ici on frappe étrangement à la porte.

ANNE

On frappe !

HJALMAR

Qui est-ce qui frappe à cette heure ?

ANNE

Personne ne répond.

On frappe.

LE ROI

Qui peut-ce être ?

HJALMAR

Frappez un peu plus fort ; on ne vous entend pas !

ANNE

On n'ouvre plus !

HJALMAR

On n'ouvre plus. Revenez demain !

On frappe.

LE ROI

Oh ! oh ! oh !

On frappe.

ANNE

Mais avec quoi frappe-t-il ?

HJALMAR

Je ne sais pas.

ANNE

Allez voir.

HJALMAR

Je vais voir.

Il ouvre la porte.

ANNE

Qui est-ce ?

HJALMAR

Je ne sais pas. Je ne vois pas bien.

ANNE

Entrez !

MALEINE

J'ai froid !

HJALMAR

Il n'y a personne !

TOUS

Il n'y a personne ?

HJALMAR

Il fait noir ; je ne vois personne.

ANNE

Alors c'est le vent ; il faut que ce soit le vent !

HJALMAR

Oui, je crois que c'est le cyprès.

LE ROI

Oh !

ANNE

Est-ce que nous ne ferions pas mieux de rentrer ?

HJALMAR

Oui.

Ils sortent tous.

Acte quatrième

SCÈNE PREMIÈRE
UNE PARTIE DU JARDIN

Entre le prince Hjalmar.

HJALMAR

Elle me suit comme un chien. Elle était à une fenêtre de la tour ; elle m'a vu passer le pont du jardin et voilà qu'elle arrive au bout de l'allée !... Je m'en vais.

Il sort. — Entre la reine Anne.

ANNE

Il me fuit et je crois qu'il a des soupçons. Je ne veux pas attendre plus longtemps. Ce poison traînera jusqu'au jugement dernier ! Je ne puis plus me fier à personne ; et je crois que le roi devient fou. Il faut que je l'aie tout le temps sous les yeux. Il erre autour de la chambre de Maleine, et je crois qu'il voudrait l'avertir. — J'ai pris la clef de cette chambre. Il est temps d'en finir ! — Ah ! voici la nourrice. Elle est toujours chez la petite, il faudrait l'éloigner aujourd'hui. Bonjour, nourrice.

Entre la nourrice.

LA NOURRICE

Bonjour, bonjour, Madame.

ANNE

Il fait beau, n'est-ce pas, nourrice ?

LA NOURRICE

Oui, Madame ; un peu chaud peut-être ; un peu trop chaud pour la saison.

ANNE

Ce sont les derniers jours de soleil ; il faut en profiter.

LA NOURRICE

Je n'ai plus eu le temps de venir au jardin depuis que Maleine est malade.

ANNE

Est-ce qu'elle va mieux ?

LA NOURRICE

Oui, un peu mieux peut-être ; mais toujours faible, faible ! et pâle, pâle !

ANNE

J'ai vu le médecin ce matin ; il m'a dit qu'il lui faut, avant tout, le repos.

LA NOURRICE

Il me l'a dit aussi.

ANNE

Il conseille même de la laisser seule, et de ne pas entrer dans sa chambre, à moins qu'elle n'appelle.

LA NOURRICE

Il ne m'en a rien dit.

ANNE

Il l'aura oublié ; on n'aura pas osé vous le dire de peur de vous faire de la peine.

LA NOURRICE

Il a eu tort, il a eu tort.

ANNE

Mais oui ; il a eu tort.

LA NOURRICE

J'avais justement cueilli quelques grappes de raisins pour elle.

ANNE

Il y a déjà des raisins ?

LA NOURRICE

Oui, oui, j'en ai trouvé le long du mur. Elle les aime tant...

ANNE

Ils sont très beaux.

LA NOURRICE

Je croyais les lui donner après la messe, mais j'attendrai qu'elle soit guérie.

ANNE

Il ne faudra pas attendre longtemps.

On entend sonner une cloche.

LA NOURRICE

On sonne la messe ! j'allais oublier que c'est dimanche.

ANNE

J'y vais également.

Elles sortent.

SCÈNE II

UNE CUISINE DU CHÂTEAU

On découvre des servantes, des cuisiniers, des domestiques, etc. — Les sept béguines filent leur quenouille dans le fond de la salle, en chantant à mi-voix des hymnes latines.

UN DOMESTIQUE

Je viens du jardin ; je n'ai jamais vu de ciel pareil ; il est aussi noir que l'étang.

UNE SERVANTE

Il est six heures, et je n'y vois plus. Il faudrait allumer les lampes.

UNE AUTRE SERVANTE

On n'entend rien.

UNE TROISIÈME SERVANTE

J'ai peur.

UN CUISINIER

Il ne faut pas avoir peur.

UNE VIEILLE SERVANTE

Mais regardez donc le ciel ! J'ai plus de soixante-dix ans et je n'ai jamais vu un ciel comme celui-ci !

UN DOMESTIQUE

C'est vrai.

UNE BÉGUINE

Y a-t-il de l'eau bénite ?

UNE SERVANTE

Oui, oui.

UNE AUTRE BÉGUINE

Où est-elle ?

UN CUISINIER

Attendez qu'il tonne.

Entre une servante.

LA SERVANTE

La reine demande si le souper du petit Allan est prêt ?

LE CUISINIER

Mais non ; il n'est pas sept heures. Il soupe toujours à sept heures.

LA SERVANTE

Il soupera plus tôt ce soir.

LE CUISINIER

Pourquoi ?

LA SERVANTE

Je n'en sais rien.

LE CUISINIER

En voilà une histoire. Il fallait me prévenir...

Entre une deuxième servante.

LA DEUXIÈME SERVANTE

Où est le souper du petit Allan ?

LE CUISINIER

Où est le souper du petit Allan ? Mais je ne puis pas préparer ce souper en faisant le signe de la croix !

LA DEUXIÈME SERVANTE

Il suffit d'un œuf et d'un peu de bouillon. Je dois le mettre au lit immédiatement après.

UNE SERVANTE

Est-ce qu'il est malade ?

LA DEUXIÈME SERVANTE

Mais non, il n'est pas malade.

UNE AUTRE SERVANTE

Mais qu'est-il arrivé ?

LA DEUXIÈME SERVANTE

Je n'en sais rien. *(Au cuisinier.)* Elle ne veut pas que l'œuf soit trop dur.

Entre une troisième servante.

LA TROISIÈME SERVANTE

Il ne faut pas attendre la reine cette nuit.

LES SERVANTES

Quoi ?

LA TROISIÈME SERVANTE

Il ne faut pas attendre la reine cette nuit. Elle se déshabillera toute seule.

LES SERVANTES

Allons, tant mieux !

LA TROISIÈME SERVANTE

Il faut allumer toutes les lampes dans sa chambre.

UNE SERVANTE

Allumer toutes les lampes ?

LA TROISIÈME SERVANTE

Oui.

UNE SERVANTE

Mais pourquoi ?

LA TROISIÈME SERVANTE

Je n'en sais rien ; elle l'a dit.

UNE AUTRE SERVANTE

Mais qu'est-ce qu'elle a ce soir ?

UN DOMESTIQUE

Elle a un rendez-vous.

UN AUTRE DOMESTIQUE

Avec le roi.

UN AUTRE DOMESTIQUE

Ou avec le prince Hjalmar.

Entre une quatrième servante.

LA QUATRIÈME SERVANTE

Il faut monter de l'eau dans la chambre de la reine.

UNE SERVANTE

De l'eau ? Mais il y en a.

LA QUATRIÈME SERVANTE

Il n'y en aura pas assez.

UN DOMESTIQUE

Est-ce qu'elle va se baigner ?

UN CUISINIER

Est-ce vous qui la baignez ?

UNE SERVANTE

Oui.

LE CUISINIER

Oh ! la, la !

UN DOMESTIQUE

Elle est toute nue alors ?

UNE SERVANTE

Évidemment.

LE DOMESTIQUE

Sacrebleu !

Un éclair.

TOUS

Un éclair !

Ils se signent.

UNE BÉGUINE

Mais taisez-vous donc ! Vous allez attirer la foudre !
Vous allez attirer la foudre sur nous tous ! Moi, je ne
reste pas ici !

LES AUTRES BÉGUINES

Moi non plus ! — Moi non plus ! — Moi non plus !
— Moi non plus ! — Moi non plus ! — Moi non plus !

> *Elles sortent précipitamment en faisant le si-*
> *gne de la croix.*

SCÈNE III

LA CHAMBRE DE LA PRINCESSE MALEINE

On découvre la princesse Maleine étendue sur son lit. — Un
grand chien noir tremble dans un coin.

MALEINE

Ici Pluton ! Ici Pluton ! Ils m'ont laissée toute seule !
Ils m'ont laissée toute seule dans une nuit pareille !
Hjalmar n'est pas venu me voir. Ma nourrice n'est pas
venue me voir ; et quand j'appelle, personne ne me
répond. — Où es-tu, mon pauvre chien noir ? Est-ce
que tu vas m'abandonner aussi ? — Où es-tu, mon pau-
vre Pluton ? — Je ne puis te voir dans l'obscurité ; tu es
aussi noir que ma chambre. — Est-ce toi que je vois
dans le coin ? — Mais ce sont tes yeux qui luisent dans
le coin ! — Mais ferme les yeux pour l'amour de Dieu !
Ici Pluton ! Ici Pluton ! *(Ici commence l'orage.)* — Est-ce toi
que j'ai vu trembler dans le coin ? — Mais je n'ai jamais
vu trembler ainsi ! Il fait trembler tous les meubles ! —
As-tu vu quelque chose ? — Réponds-moi, mon pauvre
Pluton ! Y a-t-il quelqu'un dans la chambre ? Viens ici,

Pluton, viens, ici ! — Mais viens près de moi, dans mon lit ! — Mais tu trembles à mourir dans ce coin ! *(Elle se lève et va vers le chien qui recule et se cache sous un meuble.)* — Où es-tu, mon pauvre Pluton ! — Oh ! tes yeux sont en feu maintenant. — Mais pourquoi as-tu peur de moi cette nuit ? *(Elle se recouche.)* — Si je pouvais m'endormir un moment... — Mon Dieu ! Mon Dieu ! comme je suis malade ! Et je ne sais pas ce que j'ai ; — et personne ne sait ce que j'ai. *(Ici le vent agite les rideaux du lit.)* Ah ! on touche aux rideaux de mon lit ! Qui est-ce qui touche aux rideaux de mon lit ? Il y a quelqu'un dans ma chambre ! — Il doit y avoir quelqu'un dans ma chambre ! — Oh ! voilà la lune qui entre dans ma chambre ! — Mais qu'est-ce que cette ombre sur la tapisserie ? — Je crois que le crucifix balance sur le mur ! Qui est-ce qui touche au crucifix ? Mon Dieu ! mon Dieu ! je ne puis plus rester ici ! *(Elle se lève et va vers la porte qu'elle essaye d'ouvrir.)* — Ils m'ont enfermée dans ma chambre ! — Ouvrez-moi pour l'amour de Dieu ! Il y a quelque chose dans ma chambre ! — Je vais mourir si l'on me laisse ici ! Nourrice ! nourrice ! où es-tu ? Hjalmar ! Hjalmar ! Hjalmar ! où êtes-vous ? *(Elle revient vers le lit.)* — Je n'ose plus sortir de mon lit. — Je vais me tourner de l'autre côté. — Je ne verrai plus ce qu'il y a sur le mur. *(Ici des vêtements blancs, placés sur un prie-Dieu, sont agités lentement par le vent.)* — Ah ! il y a quelqu'un sur le prie-Dieu ! — *(Elle se tourne de l'autre côté.)* — Ah ! l'ombre est encore sur le mur ! — Je vais essayer de fermer les yeux. *(Ici on entend craquer les meubles et gémir le vent.)* Oh ! oh ! oh ! qu'y a-t-il maintenant ? Il y a du bruit dans ma chambre ! *(Elle se lève.)* — Je veux voir ce qu'il y a sur le prie-Dieu ! — J'avais peur de ma robe de noces ! Mais, quelle est cette ombre sur la tapisserie ? *(Elle fait glisser la tapisserie.)* Elle est sur le mur à présent ! Je vais boire un peu d'eau ! *(Elle boit, et dépose le verre sur un meuble.)* — Oh ! comme ils crient, les roseaux de ma

chambre ! Et quand je marche tout parle dans ma
chambre ! Je crois que c'est l'ombre du cyprès ; il y a un
cyprès devant ma fenêtre. *(Elle va vers la fenêtre.)* — Oh,
la triste chambre qu'ils m'ont donnée ! *(Il tonne.)* Je ne
vois que des croix aux lueurs des éclairs ; et j'ai peur
que les morts n'entrent par les fenêtres. Mais quelle
tempête dans le cimetière ! et quel vent dans les saules
pleureurs ! *(Elle se couche sur son lit.)* Je n'entends plus
rien maintenant ; et la lune est sortie de ma chambre. Je
n'entends plus rien, maintenant. Je préfère entendre du
bruit. *(Elle écoute.)* Il y a des pas dans le corridor.
D'étranges pas, d'étranges pas... On chuchote autour de
ma chambre ; et j'entends des mains sur ma porte ! *(Ici
le chien se met à hurler.)* Pluton ! Pluton ! quelqu'un va
entrer ! — Pluton ! Pluton ! Pluton ! ne hurle pas ainsi !
Mon Dieu ! mon Dieu ! je crois que mon cœur va
mourir !

SCÈNE IV

UN CORRIDOR DU CHÂTEAU

*Entrent, au bout du corridor, le roi et la reine Anne — Le
roi porte une lumière, l'orage continue.*

ANNE

Je crois que l'orage sera terrible cette nuit ; il y avait
un vent effrayant dans la cour, un des vieux saules pleu-
reurs est tombé dans l'étang.

LE ROI

Ne le faisons pas.

ANNE

Quoi ?

LE ROI

N'y a-t-il pas moyen de faire autrement ?

ANNE

Venez.

LE ROI

Les sept béguines !

> *On entend venir les sept béguines qui chantent les litanies.*

UNE BÉGUINE, *au loin :*

Propitius esto !

LES AUTRES BÉGUINES

Parce nobis, Domine !

UNE BÉGUINE

Propitius esto !

LES AUTRES

Exaudi nos, Domine !

UNE BÉGUINE

Ab omni malo !

LES AUTRES

Libera nos, Domine !

UNE BÉGUINE

Ab omni peccato !

LES AUTRES

Libera nos, Domine !

> *Elles entrent à la file, la première porte une lanterne, la septième un livre de prières.*

UNE BÉGUINE

Ab ira tua !

LES AUTRES

Libera nos, Domine !

UNE BÉGUINE

A subitanea et improvisa morte !

LES AUTRES

Libera nos, Domine !

UNE BÉGUINE

Ab insidiis diaboli !

LES AUTRES

Libera nos, Domine !

UNE BÉGUINE, *en passant devant le roi et la reine :*

A spiritu fornicationis !

LES AUTRES

Libera nos, Domine !

UNE BÉGUINE

Ab ira, et odio, et omni mala voluntate !

LES AUTRES

Libera nos, Domine !

> *Elles sortent et on continue de les entendre dans l'éloignement.*

UNE BÉGUINE

A fulgure et tempestate !

LES AUTRES

Libera nos, Domine !

UNE BÉGUINE, *très loin :*

A morte perpetua !

LES AUTRES

Libera nos, Domine !

ANNE

Elles sont parties. — Venez.

LE ROI

Oh ! ne le faisons pas aujourd'hui !

ANNE

Pourquoi ?

LE ROI

Il tonne si terriblement !

ANNE

On ne l'entendra pas crier. Venez.

LE ROI

Attendons encore un peu.

ANNE

Taisez-vous ; c'est ici la porte...

LE ROI

Est-ce ici la porte ?...

ANNE

Où est la clef ?

LE ROI

Allons jusqu'au bout du corridor ; il y a peut-être quelqu'un.

ANNE

Où est la clef ?

LE ROI

Attendons à demain.

ANNE

Mais comment est-il possible ? Allons ! la clef ! la clef !

LE ROI

Je crois que je l'ai oubliée.

ANNE

Ce n'est pas possible. Je vous l'ai donnée.

LE ROI

Je ne la trouve plus.

ANNE

Mais je l'ai mise dans votre manteau...

LE ROI

Elle n'y est plus. Je vais la chercher...

ANNE

Où donc ?

LE ROI

Ailleurs.

ANNE

Non, non, restez ici ! vous ne reviendriez plus.

LE ROI

Si, si, je reviendrai.

ANNE

J'irai moi-même. Restez ici. Où est-elle ?

LE ROI

Je ne sais pas. Dans ma chambre à coucher...

ANNE

Mais vous vous en irez ?

LE ROI

Oh ! non, je resterai !... je resterai ici !

ANNE

Mais il faut que vous l'ayez. Je l'ai mise dans votre manteau. Cherchez. Nous n'avons pas de temps à perdre.

LE ROI

Je ne la trouve pas.

ANNE

Voyons... — Mais elle est ici ! Voyons, sois raisonnable, Hjalmar ; et ne fais pas l'enfant ce soir... Est-ce que tu ne m'aimes plus ?

Elle veut l'embrasser.

LE ROI, *la repoussant :*

Non, non, pas maintenant.

ANNE

Ouvrez !

LE ROI

Oh ! oh ! oh ! J'aurais moins peur de la porte de l'enfer ! Il n'y a qu'une petite fille là derrière ; elle ne peut pas...

ANNE

Ouvrez !

LE ROI

Elle ne peut pas tenir une fleur dans ses mains ! Elle tremble quand elle tient une pauvre petite fleur dans ses mains ; et moi...

ANNE

Allons ; ne faites pas de scènes, ce n'est pas le moment. — Nous n'avons pas de temps à perdre !

LE ROI

Je ne trouve pas le trou de la serrure.

ANNE

Donnez-moi la lumière ; elle tremble comme si le corridor allait s'écrouler.

LE ROI

Je ne trouve pas le trou de la serrure.

ANNE

Vous tremblez ?

LE ROI

Non ; — oui, un peu, mais je n'y vois plus !

ANNE

Donnez-moi la clef. *(Entr'ouvrant la porte.)* Entrez !

Le chien noir sort en rampant.

LE ROI

Quelque chose est sorti !

ANNE

Oui.

LE ROI

Mais qu'est-ce qui est sorti de la chambre ?

ANNE

Je ne sais pas ; — entrez ! entrez ! entrez !

Ils entrent dans la chambre.

SCÈNE V

LA CHAMBRE DE LA PRINCESSE MALEINE

On découvre la princesse Maleine immobile sur son lit, épou-
vantée et aux écoutes ; entrent le roi et la reine Anne. —
L'orage augmente.

LE ROI

Je veux savoir ce qui est sorti de la chambre !...

ANNE

Avancez, avancez !

LE ROI

Je veux aller voir ce qui est sorti de la chambre...

ANNE

Taisez-vous. Elle est là.

LE ROI

Elle est morte ! — Allons-nous-en !

ANNE

Elle a peur.

LE ROI

Allons-nous-en ! J'entends battre son cœur jusqu'ici !

ANNE

Avancez ; — est-ce que vous devenez fou ?

LE ROI

Elle nous regarde, oh ! oh !

ANNE

Mais c'est une petite fille ! — Bonsoir, Maleine. — Est-ce que tu ne m'entends pas, Maleine ? Nous venons te dire bonsoir. — Es-tu malade, Maleine ? Est-ce que tu ne m'entends pas ? Maleine ! Maleine !

Maleine fait signe que oui.

LE ROI

Ah !

ANNE

Tu es effrayante ! — Maleine ! Maleine ! As-tu perdu la voix ?

MALEINE

Bon...soir !...

ANNE

Ah ! tu vis encore ; — as-tu tout ce qu'il te faut ? —
Mais je vais ôter mon manteau. *(Elle dépose son manteau
sur un meuble et s'approche du lit.)* — Je vais voir. — Oh !
cet oreiller est bien dur. — Je vais arranger tes cheveux.
— Mais pourquoi me regardes-tu ainsi, Maleine ? Ma-
leine ? — Je viens te dorloter un peu. — Où est-ce que
tu as mal ? — Tu trembles comme si tu allais mourir.
— Mais tu fais trembler tout le lit ! — Mais je viens
simplement te dorloter un peu. — Ne me regarde pas
ainsi ! Il faut être dorlotée à ton âge ; je vais être ta
pauvre maman. — Je vais arranger tes cheveux. —
Voyons, lève un peu la tête ; je vais les nouer avec ceci.
— Lève un peu la tête. — Ainsi.

Elle lui passe un lacet autour du cou.

MALEINE, *sautant à bas du lit :*

Ah ! qu'est-ce que vous m'avez mis autour du cou ?

ANNE

Rien ! rien ! ce n'est rien ! ne criez pas !

MALEINE

Ah ! ah !

ANNE

Arrêtez-la ! arrêtez-la !

LE ROI

Quoi ? Quoi ?

ANNE

Elle va crier ! elle va crier !

LE ROI

Je ne peux pas !

MALEINE

Vous allez me !... oh ! vous allez me !...

ANNE, *saisissant Maleine :*

Non ! non !

MALEINE

Maman ! Maman ! Nourrice ! Nourrice ! Hjalmar !
Hjalmar ! Hjalmar !

ANNE, *au roi :*

Où êtes-vous ?

LE ROI

Ici ! ici !

MALEINE, *suivant Anne sur les genoux :*

Attendez ! Attendez un peu ! Anne ! Madame ! roi !
roi ! roi ! Hjalmar ! — Pas aujourd'hui ! — Non ! non !
pas maintenant !...

ANNE

Vous allez me suivre autour du monde à genoux ?

Elle tire sur le lacet.

MALEINE, *tombant au milieu de la chambre :*

Maman !... Oh ! oh ! oh !

Le roi va s'asseoir.

ANNE

Elle ne bouge plus. C'est déjà fini. — Où êtes-vous ?
Aidez-moi ! Elle n'est pas morte. — Vous êtes assis !

LE ROI

Oui ! oui ! oui !

ANNE

Tenez-lui les pieds ; elle se débat. Elle va se rele-
ver...

LE ROI

Quels pieds ? quels pieds ? Où sont-ils ?

ANNE

Là ! là ! là ! Tirez !

LE ROI

Je ne peux pas ! Je ne peux pas !

ANNE

Mais ne la faites pas souffrir inutilement !
        *Ici la grêle crépite subitement contre les fenê-
        tres.*

LE ROI

Ah !

ANNE

Qu'est-ce que vous avez fait ?

LE ROI

Aux fenêtres ! — On frappe aux fenêtres !

ANNE

On frappe aux fenêtres ?

LE ROI

Oui ! oui ! avec des doigts ! oh ! des millions de doigts !

Nouvelle averse.

ANNE

C'est la grêle !

LE ROI

La grêle ?

ANNE

Oui, je l'ai vu. — Ses yeux deviennent troubles.

LE ROI

Je veux m'en aller ! Je m'en vais ! Je m'en vais !

ANNE

Quoi ? quoi ? Attendez ! Attendez ! Elle est morte.

> *Ici une fenêtre s'ouvre violemment sous un coup de vent, et un vase posé sur l'appui et contenant une tige de lis tombe bruyamment dans la chambre.*

LE ROI

Oh ! oh ! maintenant !... — Qu'y a-t-il maintenant ?

ANNE

Ce n'est rien, c'est le lis ; le lis est tombé.

LE ROI

On a ouvert la fenêtre.

ANNE

C'est le vent.

Tonnerre et éclairs.

LE ROI

Est-ce que c'est le vent ?

ANNE

Oui, oui, vous l'entendez bien. — Enlevez, enlevez l'autre lis ; — il va tomber aussi.

LE ROI

Où ? où ?

ANNE

Là ! là ! à la fenêtre. Il va tomber, il va tomber ! On l'entendra !

LE ROI, *prenant le lis :*

Où faut-il le mettre ?

ANNE

Mais où vous voudrez ; à terre ! à terre !

LE ROI

Je ne sais pas où...

ANNE

Mais ne restez pas avec ce lis dans les mains ! Il tremble comme s'il était au milieu d'une tempête ! Il va tomber !

LE ROI

Où faut-il le mettre ?

ANNE

Où vous voudrez ; à terre ; — n'importe où...

LE ROI

Ici ?

ANNE

Oui, oui.

Ici Maleine fait un mouvement.

LE ROI

Ah !

ANNE

Quoi ? quoi ?

LE ROI, *imitant le mouvement :*

Elle a !...

ANNE

Elle est morte ; elle est morte. Venez !

LE ROI

Moi ?

ANNE

Oui. Elle saigne du nez. — Donnez-moi votre mouchoir.

LE ROI

Mon... mon mouchoir ?

ANNE

Oui.

LE ROI

Non, non ! pas le mien ! pas le mien !

Ici le fou apparaît à la fenêtre restée ouverte et ricane tout à coup.

ANNE

Il y a quelqu'un ! Il y a quelqu'un à la fenêtre !

LE ROI

Oh ! oh ! oh !

ANNE

C'est le fou ! Il a vu de la lumière. — Il le dira. —
Tuez-le !

> *Le roi court à la fenêtre et frappe le fou d'un
> coup d'épée.*

LE FOU, *tombant :*

Oh ! oh ! oh !

ANNE

Il est mort ?

LE ROI

Il est tombé. Il est tombé dans le fossé. Il se noie !
Écoutez ! Écoutez !...

> *On entend des clapotements.*

ANNE

Il n'y a personne aux environs ?

LE ROI

Il se noie ; il se noie. Écoutez !

ANNE

Il n'y a personne aux environs ?

> *Tonnerre et éclairs.*

LE ROI

Il y a des éclairs ! il y a des éclairs !

ANNE

Quoi ?

LE ROI

Il pleut ! il pleut ! Il grêle ! il grêle ! Il tonne ! il
tonne !

ANNE

Que faites-vous là, à la fenêtre ?

LE ROI

Il pleut, il pleut sur moi ! Ils versent de l'eau sur ma
tête ! Je voudrais être sur la pelouse ! Je voudrais être
en plein air ! Ils versent de l'eau sur ma tête ! Il faudrait
toute l'eau du déluge pour me baptiser à présent ! Le
ciel entier écrase de la grêle sur ma tête ! Le ciel entier
écrase des éclairs sur ma tête !

ANNE

Vous devenez fou ! Vous allez vous faire foudroyer !

LE ROI

Il grêle ! il grêle sur ma tête ! Il y a des grêlons com-
me des œufs de corbeaux !

ANNE

Mais vous devenez fou ! Ils vont vous lapider. —
Vous saignez déjà. — Fermez la fenêtre.

LE ROI

J'ai soif.

ANNE

Buvez. Il y a de l'eau dans ce verre.

LE ROI

Où ?

ANNE

Là ; il est encore à moitié plein.

LE ROI

Elle a bu dans ce verre ?

ANNE

Oui ; peut-être.

LE ROI

Il n'y a pas d'autre verre ?

> *Il verse l'eau qui reste et rince le verre.*

ANNE

Non, — que faites-vous ?

LE ROI

Elle est morte. *(Ici on entend d'étranges frôlements et un bruit de griffes contre la porte.)* Ah !

ANNE

On gratte à la porte !

LE ROI

Ils grattent ! ils grattent !

ANNE

Taisez-vous.

LE ROI

Mais ce n'est pas une main !

ANNE

Je ne sais pas ce que c'est.

LE ROI

Prenons garde ! Oh ! oh ! oh !

ANNE

Qu'est-ce que vous avez ?

LE ROI

Quoi ? quoi ?

ANNE

Vous êtes effrayant ! Vous allez tomber. Buvez, buvez un peu.

LE ROI

Oui ! oui !

ANNE

On marche dans le corridor.

LE ROI

Il va entrer !

ANNE

Qui ?

LE ROI

Celui... celui... qui !...

Il fait le geste de gratter.

ANNE

Taisez-vous. — On chante...

VOIX, *dans le corridor :*

De profundis clamavi ad te, Domine ; Domine, exaudi vocem meam !

ANNE

Ce sont les sept béguines qui vont à la cuisine.

VOIX, *dans le corridor :*

Fiant aures tuæ intendentes, in vocem deprecationis meæ !

Le roi laisse tomber le verre et la carafe.

ANNE

Qu'avez-vous fait ?

LE ROI

Ce n'est pas ma faute...

ANNE

Elles auront entendu le bruit. Elles vont entrer...

VOIX, *s'éloignant dans le corridor :*

Si iniquitates observaveris, Domine ; Domine, quis susti-nebit ?

ANNE

Elles sont passées ; elles vont à la cuisine.

LE ROI

Je veux m'en aller ! Je veux m'en aller ! Je veux aller avec elles ! Ouvrez-moi la porte !

Il va vers la porte.

ANNE, *le retenant :*

Qu'est-ce que vous faites ? Où allez-vous ? Vous devenez fou ?

LE ROI

Je veux aller avec elles ! Elles sont déjà sur la pelouse... Elles sont au bord de l'étang... Il y a du vent ; il pleut ; il y a de l'eau ; il y a de l'air ! — Si du moins vous l'aviez fait mourir en plein air ! Mais ici dans une petite chambre ! Dans une pauvre petite chambre ! Je vais ouvrir les fenêtres...

ANNE

Mais il tonne ! Vous devenez fou ? J'aurais mieux fait de venir seule.

LE ROI

Oui ! oui !

ANNE

Vous vous en seriez lavé les mains, n'est-ce pas ? Mais maintenant...

LE ROI

Je ne l'ai pas tuée ! Je n'y ai pas touché ! C'est vous qui l'avez tuée ! C'est vous ! c'est vous ! c'est vous !

ANNE

Bien, bien ; taisez-vous. — Nous verrons après. Mais ne criez pas ainsi.

LE ROI

Ne dites plus que c'est moi ou je vous tue aussi ! C'est vous ! c'est vous !

ANNE

Mais ne criez pas comme un possédé ! On va vous entendre jusqu'au bout du corridor.

LE ROI

On m'a entendu ?

On frappe à la porte.

ANNE

On frappe ! Ne bougez pas !

On frappe.

LE ROI

Que va-t-il arriver ? Que va-t-il arriver maintenant ?

On frappe.

ANNE

Éteignez la lumière.

LE ROI

Oh !

ANNE

Je vous dis d'éteindre la lumière.

LE ROI

Non.

ANNE

Je l'éteindrai moi-même.

Elle éteint la lumière. On frappe.

LA NOURRICE, *dans le corridor :*

Maleine ! Maleine !

ANNE, *dans la chambre :*

C'est la nourrice...

LE ROI

Oh ! oh ! la nourrice ! la bonne, la bonne nourrice ! Je veux voir la nourrice ! Ouvrons ! Ouvrons !

ANNE

Mais taisez-vous donc ; pour Dieu, taisez-vous !

LA NOURRICE, *dans le corridor :*

Maleine ! Maleine ! Est-ce que vous dormez ?

LE ROI, *dans la chambre :*

Oui ; oui ; oui ; oh !

ANNE

Taisez-vous !

LA NOURRICE, *dans le corridor :*

Maleine... ma pauvre petite Maleine... Vous ne ré-pondez plus ? Vous ne voulez plus me répondre ? — Je crois qu'elle dort profondément.

LE ROI, *dans la chambre :*

Oh ! oh ! profondément !

On frappe.

ANNE

Taisez-vous !

LA NOURRICE, *dans le corridor :*

Maleine ! — Ma pauvre petite Maleine ! Je vous apporte de beaux raisins blancs et un peu de bouillon. Ils disent que vous ne pouvez pas manger ; mais je sais bien que vous êtes très faible ; je sais bien que vous avez faim. — Maleine, Maleine ! Ouvrez-moi !

LE ROI, *dans la chambre :*

Oh ! oh ! oh !

ANNE

Ne pleurez pas ! elle s'en ira...

LA NOURRICE, *dans le corridor :*

Voilà Hjalmar qui arrive avec le petit Allan. Il va voir que je lui apporte des fruits. Je vais les cacher sous ma mante.

LE ROI, *dans la chambre :*

Hjalmar arrive !

ANNE

Oui.

LE ROI

Et le petit Allan.

ANNE

Je sais bien ; taisez-vous.

HJALMAR, *dans le corridor :*

Qui est là ?

LA NOURRICE

C'est moi, Seigneur.

HJALMAR

Ah ! c'est vous, nourrice. Il fait si noir dans ce corridor. Je ne vous reconnaissais pas. Que faites-vous ici ?

LA NOURRICE

J'allais à la cuisine ; et j'ai vu le chien devant la porte...

HJALMAR

Ah ! c'est Pluton ! — Ici Pluton !

ANNE, *dans la chambre :*

C'était le chien !

LE ROI

Quoi ?

ANNE

C'était le chien qui grattait...

LA NOURRICE, *dans le corridor :*

Il était dans la chambre de Maleine. Je ne sais pas comment il est sorti...

HJALMAR

Est-ce qu'elle n'est plus dans sa chambre ?

LA NOURRICE

Je ne sais pas ; elle ne répond pas.

HJALMAR

Elle dort.

LA NOURRICE

Il ne veut pas s'éloigner de la porte.

HJALMAR

Laissez-le ; les chiens ont d'étranges idées. Mais quelle tempête, nourrice ! mais quelle tempête !...

LA NOURRICE

Et le petit Allan n'est pas encore couché ?

HJALMAR

Il cherche sa mère ; il ne trouve plus sa mère.

LE PETIT ALLAN

Petite mère est pe-erdue !

HJALMAR

Il veut absolument la voir avant de s'endormir. Vous
ne savez pas où elle est ?

LA NOURRICE

Non.

LE PETIT ALLAN

Petite mère est pe-erdue !

HJALMAR, *dans le corridor :*

On ne la trouve plus.

LE PETIT ALLAN

Petite mère est pe-erdue ! pe-erdue ! pe-erdue ! oh !
oh ! oh !

LE ROI, *dans la chambre :*

Oh !

ANNE

Il sanglote !

LA NOURRICE, *dans le corridor :*

Voyons, ne pleure pas ; voici ta balle. Je l'ai trouvée
dans le jardin.

LE PETIT ALLAN

Ah ! ah ! ah !

> *On entend des coups sourds contre la porte.*

LE ROI, *dans la chambre* :

Écoutez ! Écoutez !

ANNE

C'est le petit Allan qui joue à la balle contre la porte !

LE ROI

Ils vont entrer. — Je vais la fermer !

ANNE

Elle est fermée.

LE ROI, *allant à la porte* :

Les verrous ! les verrous !

ANNE

Doucement, doucement !

HJALMAR, *dans le corridor* :

Mais pourquoi le chien renifle-t-il ainsi sous la porte ?

LA NOURRICE

Il voudrait entrer ; il est toujours près de Maleine.

HJALMAR

Croyez-vous qu'elle puisse sortir demain ?

LA NOURRICE

Oui, oui. Elle est guérie. — Eh bien, Allan, que fais-tu là ? — Tu ne joues plus ? Tu écoutes aux portes ? Oh ! le petit vilain qui écoute aux portes !

LE PETIT ALLAN

Il y a un petit ga-arçon derrière la porte ?

ANNE, *dans la chambre* :

Que dit-il ?

HJALMAR, *dans le corridor* :

Il ne faut jamais écouter aux portes. Il arrive des malheurs quand on écoute aux portes.

LE PETIT ALLAN

Il y a un petit ga-arçon derrière la porte.

ANNE, *dans la chambre* :

Il vous a entendu !...

LE ROI

Oui ! oui ! Je crois que oui !

ANNE

Mais ne vous couchez pas contre la porte ! Allez-vous-en !

LE ROI

Où ? où ?

ANNE

Ici ! ici !

LE PETIT ALLAN, *dans le corridor* :

Il y a un petit ga-arçon derrière la porte.

HJALMAR

Viens ; tu as sommeil.

LA NOURRICE

Viens ; c'est un méchant petit garçon.

LE PETIT ALLAN

Je veux voir le petit ga-arçon !...

LA NOURRICE

Oui, tu le verras demain. Viens, nous allons chercher petite mère. Ne pleure pas, viens !

LE PETIT ALLAN

Je veux voir le petit ga-arçon ! oh ! oh ! Je dirai à petite mère ! oh ! oh !

LA NOURRICE

Et moi, je dirai à petite mère que tu as éveillé Maleine. Viens, Maleine est malade.

LE PETIT ALLAN

Ma-aleine est plus ma-alade.

LA NOURRICE

Viens, tu vas éveiller Maleine.

LE PETIT ALLAN, *s'éloignant :*

Non, non, j'éveillerai pas Ma-aleine ! j'éveillerai pas Ma-aleine !

ANNE, *dans la chambre :*

Ils sont partis ?

LE ROI

Oui ! oui ! Allons-nous-en. Je vais ouvrir la porte ! la clef ! la clef ! où est la clef ?

ANNE

Ici. — Attendez un peu. — Nous allons la porter sur son lit.

LE ROI

Qui ?

ANNE

Elle.

LE ROI

Je n'y touche plus !

ANNE

Mais on verra qu'on l'a étranglée ! Aidez-moi !

LE ROI

Je n'y touche plus ! Venez ! venez ! venez !

ANNE

Aidez-moi à ôter le lacet !

LE ROI

Venez ! venez !

ANNE

Je ne peux pas ôter le lacet ! un couteau ! un couteau !

LE ROI

Oh ! qu'est-ce qu'elle a autour du cou ? Qu'est-ce qui brille autour de son cou ? Venez avec moi ! venez avec moi !

ANNE

Mais ce n'est rien ! C'est un collier de rubis ! votre couteau !...

LE ROI

Je n'y touche plus ! je n'y touche plus, vous dis-je ! Mais le bon Dieu serait à genoux devant moi !... je le renverserais ! je le renverserais ! Je n'y touche plus ! Oh ! il y a !... il y a ici !...

ANNE

Quoi ? quoi ?

LE ROI

Il y a ici ! Oh ! oh ! oh !

Il ouvre la porte en tâtonnant et s'enfuit.

ANNE

Où est-il ?... Il s'est enfui... Qu'a-t-il vu ? Je ne vois rien... Il court contre les murs du corridor... Il tombe au bout du corridor. — Je ne reste pas seule ici.

Elle sort.

Acte cinquième

UNE PARTIE DU CIMETIÈRE DEVANT LE CHÂTEAU

On découvre une grande foule. La tempête continue.

UNE VIEILLE FEMME

La foudre est tombée sur le moulin !

UNE AUTRE FEMME

Je l'ai vue tomber !

UN PAYSAN

Oui ! oui ! un globe bleu ! un globe bleu !

UN AUTRE PAYSAN

Le moulin brûle ! ses ailes brûlent !

UN ENFANT

Il tourne ! il tourne encore !

TOUS

Oh !

UN VIEILLARD

Avez-vous jamais vu une nuit comme celle-ci ?

UN PAYSAN

Voyez le château ! le château !

UN AUTRE

Est-ce qu'il brûle ? — Oui.

UN TROISIÈME PAYSAN

Non, non ! ce sont des flammes vertes. Il y a des flammes vertes aux crêtes de tous les toits !

UNE FEMME

Je crois que le monde va finir !

UNE AUTRE FEMME

Ne restons pas dans le cimetière !

UN PAYSAN

Attendons ! attendons un peu ! Ils éclairent toutes les fenêtres du rez-de-chaussée !

UN PAUVRE

Il y a une fête !

UN AUTRE PAYSAN

Ils vont manger !

UN VIEILLARD

Il y a une fenêtre du rez-de-chaussée qui ne s'éclaire pas !

UN DOMESTIQUE DU CHÂTEAU

C'est la chambre de la princesse Maleine.

UN PAYSAN

Celle-là ?

LE DOMESTIQUE

Oui ; elle est malade.

UN VAGABOND, *entrant :*

Il y a un grand navire de guerre dans le port.

TOUS

Un grand navire de guerre ?

LE VAGABOND

Un grand navire noir ; on ne voit pas de matelots.

UN VIEILLARD

C'est le jugement dernier.

Ici la lune apparaît au-dessus du château.

TOUS

La lune ! la lune ! la lune !

UN PAYSAN

Elle est noire ; elle est noire... Qu'est-ce qu'elle a ?

LE DOMESTIQUE

Une éclipse ! une éclipse !

Éclair et coup de foudre formidables.

TOUS

La foudre est tombée sur le château.

UN PAYSAN

Toutes les tours ont chancelé !

UNE FEMME

La grande croix de la chapelle a remué... Elle remue !
elle remue !

LES UNS

Elle tombe ! elle tombe ! avec le toit de la tourelle !

UN PAYSAN

Elle est tombée dans le fossé.

UN VIEILLARD

Il y aura de grands malheurs.

UN AUTRE VIEILLARD

On dirait que l'enfer est autour du château.

UNE FEMME

Je vous dis que c'est le jugement dernier.

UNE AUTRE FEMME

Ne restons pas dans le cimetière.

UNE TROISIÈME FEMME

Les morts vont sortir !

UN PÈLERIN

Je crois que c'est le jugement des morts !

UNE FEMME

Ne marchez pas sur les tombes !

UNE AUTRE FEMME, *aux enfants :*

Ne marchez pas sur les croix !

UN PAYSAN, *accourant :*

Une des arches du pont s'est écroulée !

TOUS

Du pont ? Quel pont ?

LE PAYSAN

Le pont de pierre du château. On ne peut plus entrer dans le château.

UN VIEILLARD

Je n'ai pas envie d'y entrer.

UN AUTRE VIEILLARD

Je ne voudrais pas y être !...

UNE VIEILLE FEMME

Moi non plus !

LE DOMESTIQUE

Regardez les cygnes ! Regardez les cygnes !

TOUS

Où ? où sont-ils ?

LE DOMESTIQUE

Dans le fossé ; sous la fenêtre de la princesse Maleine !

LES UNS

Qu'est-ce qu'ils ont ? Mais qu'est-ce qu'ils ont ?

LES AUTRES

Ils s'envolent ! ils s'envolent ! ils s'envolent tous !

UN PAYSAN

La fenêtre s'ouvre !

LE DOMESTIQUE

C'est la fenêtre de la princesse Maleine !

UN AUTRE PAYSAN

Il n'y a personne !

Un silence.

DES FEMMES

Elle s'ouvre !

D'AUTRES FEMMES

Allons-nous-en ! allons-nous-en !

Elles fuient épouvantées.

LES HOMMES

Qu'y a-t-il ? qu'y a-t-il ?

TOUTES LES FEMMES

On ne sait pas !

Elles fuient.

QUELQUES HOMMES

Mais qu'est-il arrivé ?

D'AUTRES HOMMES

Il n'y a rien ! Il n'y a rien !

Ils fuient.

TOUS

Mais pourquoi vous enfuyez-vous ? Il n'y a rien ! Il n'y a rien !

Ils fuient.

UN CUL-DE-JATTE

Une fenêtre s'ouvre... une fenêtre s'ouvre... Ils ont peur... Il n'y a rien !

Il fuit épouvanté en rampant sur les mains.

SCÈNE II

UNE SALLE PRÉCÉDANT LA CHAPELLE DU CHÂTEAU

On découvre une foule de seigneurs, de courtisans, de dames, etc., dans l'attente. La tempête continue.

UN SEIGNEUR, *à une fenêtre :*

A-t-on jamais vu pareille nuit !

UN AUTRE SEIGNEUR

Mais regardez donc les sapins ! Venez voir la forêt de sapins, à cette fenêtre ! Elle se couche jusqu'à terre à travers les éclairs ! — On dirait un fleuve d'éclairs !

UN AUTRE SEIGNEUR

Et la lune ! Avez-vous vu la lune ?

DEUXIÈME SEIGNEUR

L'éclipse ne finira pas avant dix heures.

PREMIER SEIGNEUR

Et les nuages ! Regardez donc les nuages ! On dirait des troupeaux d'éléphants noirs qui passent depuis trois heures au-dessus du château !

DEUXIÈME SEIGNEUR

Ils le font trembler de la cave au grenier !

HJALMAR

Quelle heure est-il ?

PREMIER SEIGNEUR

Neuf heures.

HJALMAR

Voilà plus d'une heure que nous attendons le roi !

TROISIÈME SEIGNEUR

On ne sait pas encore où il est ?

HJALMAR

Les sept béguines l'ont vu en dernier lieu dans le corridor.

DEUXIÈME SEIGNEUR

Vers quelle heure ?

HJALMAR

Vers sept heures.

DEUXIÈME SEIGNEUR

Il n'a pas prévenu ?...

HJALMAR

Il n'a rien dit. Il doit être arrivé quelque chose ; je vais voir.

Il sort.

TROISIÈME SEIGNEUR

Mais la reine Anne, où est-elle ?

PREMIER SEIGNEUR

Elle était avec lui.

TROISIÈME SEIGNEUR

Oh ! oh ! alors !

DEUXIÈME SEIGNEUR

Une pareille nuit !

PREMIER SEIGNEUR

Prenez garde ! Les murs écoutent...

> *Entre un chambellan.*

TOUS

Eh bien ?

LE CHAMBELLAN

On ne sait où il est.

UN SEIGNEUR

Mais il est arrivé un malheur !

LE CHAMBELLAN

Il faut attendre. J'ai parcouru tout le château ; j'ai interrogé tout le monde ; on ne sait où il est.

UN SEIGNEUR

Il serait temps d'entrer dans la chapelle ; — écoutez, les sept béguines y sont déjà.

> *On entend des chants lointains.*

UN AUTRE SEIGNEUR, *à une fenêtre :*

Venez ; venez ; venez voir le fleuve...

DES SEIGNEURS, *accourant :*

Qu'y a-t-il ?

UN SEIGNEUR

Il y a trois navires dans la tempête !

UNE DAME D'HONNEUR

Je n'ose plus regarder un fleuve pareil !

UNE AUTRE DAME D'HONNEUR

Ne soulevez plus les rideaux ! ne soulevez plus les rideaux !

UN SEIGNEUR

Toutes les murailles tremblent comme si elles avaient la fièvre !

UN AUTRE SEIGNEUR, *à une autre fenêtre :*

Ici, ici, venez ici !

LES UNS

Quoi ?

LES AUTRES

Je ne regarde plus !

LE SEIGNEUR, *à la fenêtre :*

Tous les animaux se sont réfugiés dans le cimetière ! Il y a des paons dans les cyprès ! Il y a des hiboux sur les croix ! Toutes les brebis du village sont couchées sur les tombes !

UN AUTRE SEIGNEUR

On dirait une fête en enfer !

UNE DAME D'HONNEUR

Fermez les rideaux ! fermez les rideaux !

UN VALET, *entrant :*

Une des tours est tombée dans l'étang !

UN SEIGNEUR

Une des tours ?

LE VALET

La petite tour de la chapelle.

LE CHAMBELLAN

Ce n'est rien. Elle était en ruine.

UN SEIGNEUR

On se croirait dans les faubourgs de l'enfer.

LE CHAMBELLAN

Il n'y a pas de danger ! — Le château résisterait au déluge !

> *Ici un vieux seigneur ouvre une fenêtre, on entend un chien hurler au dehors. — Silence.*

TOUS

Qu'est-ce que c'est ?

LE VIEUX SEIGNEUR

Un chien qui hurle !

UNE FEMME

N'ouvrez plus cette fenêtre !

> *Entre le prince Hjalmar.*

UN SEIGNEUR

Le prince Hjalmar !

TOUS

Vous l'avez vu, Seigneur ?

HJALMAR

Je n'ai rien vu !

DES SEIGNEURS

Mais alors ?...

HJALMAR

Je n'en sais rien.

Entre Angus.

ANGUS

Ouvrez les portes ! le roi vient !

TOUS

Vous l'avez vu ?

ANGUS

Oui !

HJALMAR

Où était-il ?

ANGUS

Je ne sais pas.

HJALMAR

Et la reine Anne ?

ANGUS

Elle est avec lui.

HJALMAR

Lui avez-vous parlé ?

ANGUS

Oui.

HJALMAR

Qu'a-t-il dit ?

ANGUS

Il n'a pas répondu.

HJALMAR

Vous êtes pâle !

ANGUS

J'ai été étonné !

HJALMAR

De quoi ?

ANGUS

Vous verrez !

UN SEIGNEUR

Ouvrez les portes ! Je l'entends !

ANNE, *derrière la porte* :

Entrez, Sire...

LE ROI, *derrière la porte* :

Je suis malade... J'aimerais mieux ne pas entrer dans la chapelle...

ANNE, *à la porte :*

Entrez ! entrez !

> *Entrent le roi et la reine Anne.*

LE ROI

Je suis malade... Ne faites pas attention...

HJALMAR

Vous êtes malade, mon père ?

LE ROI

Oui, oui.

HJALMAR

Qu'avez-vous, mon père ?

LE ROI

Je ne sais pas.

ANNE

C'est cette épouvantable nuit.

LE ROI

Oui, une épouvantable nuit !

ANNE

Allons prier.

LE ROI

Mais pourquoi vous taisez-vous tous ?

HJALMAR

Mon père, qu'y a-t-il là sur vos cheveux ?

LE ROI

Sur mes cheveux ?

HJALMAR

Il y a du sang sur vos cheveux !

LE ROI

Sur mes cheveux ? — Oh ! c'est le mien ! *On rit.* — Mais pourquoi riez-vous ? Il n'y a pas de quoi rire !

ANNE

Il a fait une chute dans le corridor.

On frappe à une petite porte.

UN SEIGNEUR

On frappe à la petite porte...

LE ROI

Ah ! on frappe à toutes les portes ici ! Je ne veux plus qu'on frappe aux portes !

ANNE

Voulez-vous aller voir, Seigneur ?

UN SEIGNEUR, *ouvrant la porte :*

C'est la nourrice, Madame.

LE ROI

Qui ?

UN SEIGNEUR

La nourrice, Sire !

ANNE, *se levant :*

Attendez, c'est pour moi...

HJALMAR

Mais qu'elle entre ! qu'elle entre !

Entre la nourrice.

LA NOURRICE

Je crois qu'il pleut dans la chambre de Maleine.

LE ROI

Quoi ?

LA NOURRICE

Je crois qu'il pleut dans la chambre de Maleine.

ANNE

Vous aurez entendu la pluie contre les vitres.

LA NOURRICE

Je ne puis pas ouvrir ?

ANNE

Non ! non ! il lui faut le repos !

LA NOURRICE

Je ne puis pas entrer ?...

ANNE

Non ! non ! non !

LE ROI

Non ! non ! non !

LA NOURRICE

On dirait que le roi est tombé dans la neige.

LE ROI

Quoi ?

ANNE

Mais que faites-vous ici ? Allez-vous-en ! Allez-vous-
en !

Sort la nourrice.

HJALMAR

Elle a raison ; vos cheveux me semblent tout blancs.
Est-ce un effet de la lumière ?

ANNE

Oui, il y a trop de lumière.

LE ROI

Mais pourquoi me regardez-vous tous ? — Est-ce que
vous ne m'avez jamais vu ?

ANNE

Voyons ; entrons dans la chapelle ; l'office sera fini,
venez donc.

LE ROI

Non, non, j'aimerais mieux ne pas prier ce soir...

HJALMAR

Ne pas prier, mon père ?

LE ROI

Si, si, mais pas dans la chapelle... je ne me sens pas
bien, pas bien du tout !

ANNE

Asseyez-vous un instant, Seigneur.

HJALMAR

Qu'avez-vous, mon père ?

ANNE

Laissez, laissez, ne l'interrogez pas ; il a été surpris par l'orage ; laissez-lui le temps de se remettre un peu, parlons d'autre chose.

LE ROI

Je voudrais être à votre place !

HJALMAR

Mais ne dirait-on pas que nous sommes malades, nous aussi ? — Nous attendons comme de grands coupables...

LE ROI

Où voulez-vous en venir ?

HJALMAR

Plaît-il, mon père ?

LE ROI

Où voulez-vous en venir ? Il faut le dire franchement...

ANNE

Vous n'avez pas compris. — Vous étiez distrait.

> *Ici la petite porte que la nourrice a laissée entr'ouverte se met à battre sous un coup de vent qui fait trembler les lumières.*

LE ROI, *se levant :*

Ah !

ANNE

Asseyez-vous ! asseyez-vous ! C'est une petite porte qui bat... Asseyez-vous ; il n'y a rien !

HJALMAR

Mon père, qu'avez-vous donc ce soir ?

ANNE, *à un seigneur :*

Voudriez-vous aller fermer la porte ?

LE ROI

Oh ! fermez bien les portes ! Mais pourquoi marchez-vous sur la pointe des pieds ?

HJALMAR

Y a-t-il un mort dans la salle ?

LE ROI

Quoi ? Quoi ?

HJALMAR

On dirait qu'il marche autour d'un catafalque !

LE ROI

Mais pourquoi ne parlez-vous que de choses terribles ce soir ?...

HJALMAR

Mais, mon père...

ANNE

Parlons d'autre chose. N'y a-t-il pas de sujet plus joyeux ?

UNE DAME D'HONNEUR

Parlons un peu de la princesse Maleine...

LE ROI, *se levant :*

Est-ce que ? est-ce que ?...

ANNE

Asseyez-vous ! asseyez-vous !

LE ROI

Mais ne parlez pas de la...

ANNE

Mais pourquoi ne parlerions-nous pas de la princesse Maleine ? — Il me semble que les lumières brûlent mal ce soir.

HJALMAR

Le vent en a éteint plusieurs.

LE ROI

Allumez les lampes ! oui, allumez-les toutes ! (*On rallume les lampes.*) Il fait trop clair maintenant ! Est-ce que vous me voyez ?

HJALMAR

Mais mon père ?...

LE ROI

Mais pourquoi me regardez-vous tous ?

ANNE

Éteignez les lumières. Il a les yeux très faibles.

Un des seigneurs se lève et va pour sortir.

LE ROI

Où allez-vous ?

LE SEIGNEUR

Sire, je...

LE ROI

Il faut rester ! Il faut rester ici ! Je ne veux pas que quelqu'un sorte de la salle ! Il faut rester autour de moi !

ANNE

Asseyez-vous, asseyez-vous. Vous attristez tout le monde.

LE ROI

Quelqu'un touche-t-il aux tapisseries ?

HJALMAR

Mais non, mon père.

LE ROI

Il y en a une qui...

HJALMAR

C'est le vent.

LE ROI

Pourquoi a-t-on déroulé cette tapisserie ?

HJALMAR

Mais elle y est toujours ; c'est le *Massacre des Inno-cents*.

LE ROI

Je ne veux plus la voir ! Je ne veux plus la voir ! Écartez-la !

> *On fait glisser la tapisserie et une autre apparaît, représentant le* Jugement dernier.

LE ROI

On l'a fait exprès !

HJALMAR

Comment ?

LE ROI

Mais avouez-le donc ! Vous l'avez fait exprès, et je sais bien où vous voulez en venir !...

UNE DAME D'HONNEUR

Que dit le roi ?

ANNE

N'y faites pas attention ; il a été épouvanté par cette abominable nuit.

HJALMAR

Mon père ; mon pauvre père... qu'est-ce que vous avez ?

UNE DAME D'HONNEUR

Sire, voulez-vous un verre d'eau ?

LE ROI

Oui, oui, — ah, non ! non ! — enfin tout ce que je fais ! tout ce que je fais !

HJALMAR

Mon père !... Sire !...

UNE DAME D'HONNEUR

Le roi est distrait.

HJALMAR

Mon père !...

ANNE

Sire ! — Votre fils vous appelle.

HJALMAR

Mon père, — pourquoi tournez-vous toujours la tête ?

LE ROI

Attendez un peu ! attendez un peu !...

HJALMAR

Mais pourquoi tournez-vous la tête ?

LE ROI

J'ai senti quelque chose dans le cou.

ANNE

Mais enfin, n'ayez pas peur de tout !

HJALMAR

Il n'y a personne derrière vous...

ANNE

N'en parlez plus... n'en parlez plus, entrons dans la chapelle. Entendez-vous les béguines ?

*Chants étouffés et lointains ; la reine Anne va
vers la porte de la chapelle, le roi la suit, puis
retourne s'asseoir.*

LE ROI

Non ! non ! ne l'ouvrez pas encore !

ANNE

Vous avez peur d'entrer ? — Mais il n'y a pas plus de
danger là qu'ici, pourquoi la foudre tomberait-elle plu-
tôt sur la chapelle ? Entrons.

LE ROI

Attendons encore un peu. Restons ensemble ici. —
Croyez-vous que Dieu pardonne tout ? Je vous ai tou-
jours aimés jusqu'ici. — Je ne vous ai jamais fait de mal
— jusqu'ici — jusqu'ici, n'est-ce pas ?

ANNE

Voyons, voyons, il n'est pas question de cela. — Il
paraît que l'orage a fait de grands ravages.

ANGUS

On dit que les cygnes se sont envolés.

HJALMAR

Il y en a un qui est mort.

LE ROI, *sursautant :*

Enfin, enfin, dites-le si vous le savez ! Vous m'avez
assez fait souffrir ! Dites-le tout d'un coup ! Mais ne
venez pas ici...

ANNE

Asseyez-vous ! asseyez-vous donc !

HJALMAR

Mon père ! mon père ! qu'est-il donc arrivé ?

LE ROI

Entrons !

> *Éclairs et tonnerres ; — une des sept béguines*
> *ouvre la porte de la chapelle et vient regarder*
> *dans la salle ; on entend les autres chanter les*
> *litanies de la Sainte Vierge « Rosa mystica, ora*
> *pro nobis. — Turris davidica », etc., tandis*
> *qu'une grande clarté rouge provenue des vitraux*
> *et de l'illumination du tabernacle inonde subite-*
> *ment le roi et la reine Anne.*

LE ROI

Qui est-ce qui a préparé cela ?

TOUS

Quoi ? quoi ? qu'y a-t-il ?

LE ROI

Il y en a un ici qui sait tout ! Il y en a un ici qui a
préparé tout cela ! mais il faut que je sache...

ANNE, *l'entraînant :*

Venez ! venez !

LE ROI

Il y en a un qui l'a vu ! Mais c'est abominablement
lâche ! Il y en a un qui sait tout ! Il y en a un qui l'a vu et
qui n'ose pas le dire !...

ANNE

Mais c'est le tabernacle !... — Allons-nous-en !

LE ROI

Oui ! oui ! oui !

ANNE

Venez ! venez !

> *Ils sortent précipitamment par une porte oppo-*
> *sée à celle de la chapelle.*

LES UNS

Où vont-ils ?

LES AUTRES

Qu'y a-t-il ?

UN SEIGNEUR

Toutes les forêts de sapins sont en flammes !

ANGUS

Les malheurs se promènent cette nuit.

> *Ils sortent tous.*

SCÈNE III

UN CORRIDOR DU CHÂTEAU

On découvre le grand chien noir qui gratte à une porte. —
Entre la nourrice avec une lumière.

LA NOURRICE

Il est encore à la porte de Maleine ! — Pluton ! Plu-
ton ! qu'est-ce que tu fais là ? — Mais qu'a-t-il donc à
gratter à cette porte ? — Tu vas éveiller ma pauvre
Maleine ! Va-t'en ! va-t'en ! va-t'en ! *(Elle frappe des pieds.)*

Mon Dieu ! qu'il a l'air effrayé ! Est-il arrivé un malheur ? A-t-on marché sur ta patte, mon pauvre Pluton ? Viens, nous allons à la cuisine. *(Le chien retourne gratter à la porte.)* Encore à cette porte ! encore à cette porte ! Mais qu'y a-t-il donc derrière cette porte ? Tu voudrais être auprès de Maleine ? — Elle dort, je n'entends rien ! Viens, viens ; tu l'éveillerais.

Entre le prince Hjalmar.

HJALMAR

Qui va là ?

LA NOURRICE

C'est moi, Seigneur.

HJALMAR

Ah ! c'est vous, nourrice ! Encore ici ?

LA NOURRICE

J'allais à la cuisine, et j'ai vu le chien noir qui grattait à cette porte.

HJALMAR

Encore à cette porte ! Ici Pluton ! ici Pluton !

LA NOURRICE

Est-ce que l'office est fini ?

HJALMAR

Oui... Mon père était étrange ce soir ! Je crois qu'il a la fièvre ; — il faudra veiller sur lui ; il pourrait arriver de grands malheurs.

LA NOURRICE

Enfin ; les malheurs ne dorment pas...

HJALMAR

Il gratte encore à cette porte !...

LA NOURRICE

Ici Pluton ! donne-moi la patte.

HJALMAR

Je vais un moment au jardin.

LA NOURRICE

Il ne pleut plus ?

HJALMAR

Je crois que non.

LA NOURRICE

Il gratte encore à cette porte ! Ici Pluton ! ici Pluton !
Fais le beau ! voyons, fais le beau !

Le chien aboie.

HJALMAR

Il ne faut pas aboyer. Je vais l'emmener Il finirait par
éveiller Maleine. Viens ! Pluton ! Pluton ! Pluton !

LA NOURRICE

Il y retourne encore !

HJALMAR

Il ne veut pas la quitter...

LA NOURRICE

Mais qu'y a-t-il donc derrière cette porte ?

HJALMAR

Il faut qu'il s'en aille. Va-t'en ! va-t'en ! va-t'en !

> *Il donne un coup de pied au chien, qui hurle,*
> *mais retourne gratter à la porte.*

LA NOURRICE

Il gratte, il gratte, il renifle.

HJALMAR

Il flaire quelque chose sous la porte. Allez voir...

LA NOURRICE

La chambre est fermée ; je n'ai pas la clef.

HJALMAR

Qui est-ce qui a la clef ?

LA NOURRICE

La reine Anne.

HJALMAR

Pourquoi a-t-elle la clef ?

LA NOURRICE

Je n'en sais rien.

HJALMAR

Frappez doucement.

LA NOURRICE

Je vais l'éveiller.

HJALMAR

Écoutons.

Serres chaudes.   9.

LA NOURRICE

Je n'entends rien.

HJALMAR

Frappez un petit coup.

Elle frappe trois petits coups.

LA NOURRICE

Je n'entends rien.

HJALMAR

Frappez un peu plus fort.

Au moment où elle frappe le dernier coup, on entend subitement le tocsin, comme s'il était sonné dans la chambre.

LA NOURRICE

Ah !

HJALMAR

Les cloches ! le tocsin !...

LA NOURRICE

Il faut que la fenêtre soit ouverte.

HJALMAR

Oui, oui, entrez !

LA NOURRICE

La porte est ouverte !

HJALMAR

Elle était fermée ?

LA NOURRICE

Elle était fermée tout à l'heure !

HJALMAR

Entrez !

> *La nourrice entre dans la chambre.*

LA NOURRICE, *sortant de la chambre :*

Ma lumière s'est éteinte en ouvrant la porte... Mais j'ai vu quelque chose...

HJALMAR

Quoi ? quoi ?

LA NOURRICE

Je ne sais pas. La fenêtre est ouverte. — Je crois qu'elle est tombée...

HJALMAR

Maleine ?

LA NOURRICE

Oui. — Vite ! vite !

HJALMAR

Quoi ?

LA NOURRICE

Une lumière !

HJALMAR

Je n'en ai pas.

LA NOURRICE

Il y a une lampe au bout du corridor. Allez la chercher.

HJALMAR

Oui.

Il sort.

LA NOURRICE, *à la porte :*

Maleine ! où es-tu, Maleine ? Maleine ! Maleine ! Maleine !

Rentre Hjalmar.

HJALMAR

Je ne peux la décrocher. Où est votre lampe ? J'irai l'allumer.

Il sort.

LA NOURRICE

Oui. — Maleine ! Maleine ! Maleine ! Es-tu malade ? Je suis ici ! Mon Dieu ! mon Dieu ! Maleine ! Maleine ! Maleine !

Rentre Hjalmar avec la lumière.

HJALMAR

Entrez !

Il donne la lumière à la nourrice qui rentre dans la chambre.

LA NOURRICE, *dans la chambre :*

Ah !

HJALMAR, *à la porte :*

Quoi ? quoi ? qu'y a-t-il ?

LA NOURRICE, *dans la chambre :*

Elle est morte ! Je vous dis qu'elle est morte ! Elle est morte ! elle est morte !

HJALMAR, *à la porte* :

Elle est morte ! Maleine est morte ?

LA NOURRICE, *dans la chambre* :

Oui ! oui ! oui ! oui ! oui ! Entrez ! entrez ! entrez !
Maleine ! Maleine ! Elle est froide ! Je crois qu'elle est
froide !

HJALMAR

Oui !

LA NOURRICE

Oh ! oh ! oh !

La porte se referme.

SCÈNE IV

LA CHAMBRE DE LA PRINCESSE MALEINE

*On découvre Hjalmar et la nourrice. — Durant toute la
scène on entend sonner le tocsin au dehors.*

LA NOURRICE

Aidez-moi ! aidez-moi !

HJALMAR

Quoi ? à quoi ? à quoi ?

LA NOURRICE

Elle est raide ! Mon Dieu ! mon Dieu ! Maleine ! Ma-
leine !

HJALMAR

Mais ses yeux sont ouverts !...

LA NOURRICE

On l'a étranglée ! Au cou ! au cou ! au cou ! voyez !

HJALMAR

Oui ! oui ! oui !

LA NOURRICE

Appelez ! appelez ! criez !

HJALMAR

Oui ! oui ! oui ! Oh ! oh ! — (*Dehors.*) Arrivez ! arrivez !
Étranglée ! étranglée ! Maleine ! Maleine ! Maleine !
Étranglée ! étranglée ! étranglée ! Oh ! oh ! oh ! Étran-
glée ! étranglée ! étranglée !

> *On l'entend courir dans le corridor et battre
> les portes et les murs.*

UN DOMESTIQUE, *dans le corridor :*

Qu'y a-t-il ? Qu'y a-t-il ?

HJALMAR, *dans le corridor :*

Étranglée ! étranglée !...

LA NOURRICE, *dans la chambre :*

Maleine ! Maleine ! Ici ! ici !

LE DOMESTIQUE, *entrant :*

C'est le fou ! On l'a trouvé sous la fenêtre !

LA NOURRICE

Le fou ?

LE DOMESTIQUE

Oui ! oui ! Il est dans le fossé ! Il est mort !

LA NOURRICE

La fenêtre est ouverte !

LE DOMESTIQUE

Oh ! la pauvre petite princesse !

> *Entrent Angus, des seigneurs, des dames, des domestiques, des servantes et les sept béguines, avec des lumières.*

TOUS

Qu'y a-t-il ? — Qu'est-il arrivé ?

LE DOMESTIQUE

On a tué la petite princesse !...

LES UNS

On a tué la petite princesse ?

LES AUTRES

Maleine ?

LE DOMESTIQUE

Oui, je crois que c'est le fou !

UN SEIGNEUR

J'avais dit qu'il arriverait des malheurs...

LA NOURRICE

Maleine ! Ma pauvre petite Maleine !... Aidez-moi !

UNE BÉGUINE

Il n'y a rien à faire !

UNE AUTRE BÉGUINE

Elle est froide !

LA TROISIÈME BÉGUINE

Elle est roide !

LA QUATRIÈME BÉGUINE

Fermez-lui les yeux !

LA CINQUIÈME BÉGUINE

Ils sont figés !

LA SIXIÈME BÉGUINE

Il faut joindre ses mains !

LA SEPTIÈME BÉGUINE

Il est trop tard !

LA NOURRICE

Aidez-moi à soulever Maleine ! Aidez-moi ; aidez-moi donc !

LE DOMESTIQUE

Elle ne pèse pas plus qu'un oiseau.

On entend de grands cris dans le corridor.

LE ROI, *dans le corridor :*

Ah ! ah ! ah ! ah ! ah ! Ils l'ont vu ! ils l'ont vu ! Je viens ! je viens ! je viens !

ANNE, *dans le corridor :*

Arrêtez ! arrêtez ! Vous êtes fou !

LE ROI

Venez ! venez ! Avec moi ! avec moi ! Mordez ! mordez ! mordez ! (*Entre le roi entraînant la reine Anne.*) Elle et moi ! Je préfère le dire à la fin ! Nous l'avons fait à deux !

ANNE

Il est fou ! Aidez-moi !

LE ROI

Non, je ne suis pas fou ! Elle a tué Maleine !

ANNE

Il est fou ! Emmenez-le ! Il me fait mal ! Il arrivera des malheurs !

LE ROI

C'est elle ! c'est elle ! Et moi ! moi ! moi ! j'y étais aussi !...

HJALMAR

Quoi ? quoi ?

LE ROI

Elle l'a étranglée ! Ainsi ! ainsi ! Voyez ! voyez ! voyez ! On frappait aux fenêtres ! Ah ! ah ! ah ! ah ! ah ! Je vois là son manteau rouge sur Maleine ! Voyez ! voyez ! voyez !

HJALMAR

Comment ce manteau rouge est-il ici ?

ANNE

Mais qu'est-il arrivé ?

HJALMAR

Comment ce manteau est-il ici ?

ANNE

Mais vous voyez bien qu'il est fou !...

HJALMAR

Répondez-moi ! comment est-il ici ?...

ANNE

Est-ce que c'est le mien ?

HJALMAR

Oui, le vôtre ! le vôtre ! le vôtre ! le vôtre !...

ANNE

Lâchez-moi donc ! Vous me faites mal !

HJALMAR

Comment est-il ici ? ici ? ici ? — Vous l'avez ?...

ANNE

Après ?...

HJALMAR

Oh ! la putain ! putain ! putain ! monstru... monstrueuse putain !... Voilà ! voilà ! voilà ! voilà ! voilà !

Il la frappe de plusieurs coups de poignard.

ANNE

Oh ! oh ! oh !

Elle meurt.

LES UNS

Il a frappé la reine !

LES AUTRES

Arrêtez-le.

HJALMAR

Vous empoisonnerez les corbeaux et les vers !

TOUS

Elle est morte !...

ANGUS

Hjalmar ! Hjalmar !

HJALMAR

Allez-vous-en ! Voilà ! voilà ! voilà ! *(Il se frappe de son poignard.)* Maleine ! Maleine ! Maleine ! — Oh ! mon père ! mon père !...

Il tombe.

LE ROI

Ah ! ah ! ah !

HJALMAR

Maleine ! Maleine ! Donnez-moi, donnez-moi sa petite main ! — Oh ! oh ! ouvrez les fenêtres ! Oui ! oui ! oh ! oh !

Il meurt.

LA NOURRICE

Un mouchoir ! un mouchoir ! Il va mourir !

ANGUS

Il est mort !

LA NOURRICE

Soulevez-le ! le sang l'étouffe !

UN SEIGNEUR

Il est mort.

LE ROI

Oh ! oh ! oh ! Je n'avais plus pleuré depuis le déluge !
Mais maintenant je suis dans l'enfer jusqu'aux yeux ! —
Mais regardez leurs yeux ! Ils vont sauter sur moi com-
me des grenouilles !

ANGUS

Il est fou !

LE ROI

Non, non, j'ai perdu courage !... Ah ! c'est à faire
pleurer les pavés de l'enfer !...

ANGUS

Emmenez-le, il ne peut plus voir cela !

LE ROI

Non, non, laissez-moi ; — je n'ose plus rester seul...
où donc est la belle reine Anne ? — Anne !... —
Anne !... — Elle est toute tordue !... — Je ne l'aime plus
du tout !... Mon Dieu ! qu'on a l'air pauvre quand on est
mort !... Je ne voudrais plus l'embrasser maintenant !...
Mettez quelque chose sur elle...

LA NOURRICE

Et sur Maleine aussi... Maleine ! Maleine... oh ! oh !
oh !

LE ROI

Je n'embrasserai plus personne dans ma vie, depuis
que j'ai vu tout ceci !... Où donc est notre pauvre petite
Maleine ? *(Il prend la main de Maleine.)* — Ah ! elle est
froide comme un ver de terre ! — Elle descendait com-
me un ange dans mes bras... Mais c'est le vent qui l'a
tuée !

ANGUS

Emmenons-le ! pour Dieu, emmenons-le !

LA NOURRICE

Oui ! oui !

UN SEIGNEUR

Attendons un instant !

LE ROI

Avez-vous des plumes noires ? Il faudrait des plumes
noires pour savoir si la reine vit encore... C'était une
belle femme, vous savez ! — Entendez-vous mes
dents ?

Le petit jour entre dans la chambre.

TOUS

Quoi ?

LE RÓI

Entendez-vous mes dents ?

LA NOURRICE

Ce sont les cloches, Seigneur...

LE ROI

Mais, c'est mon cœur, alors !... Ah ! je les aimais bien
tous les trois, voyez-vous ! — Je voudrais boire un
peu...

LA NOURRICE, *apportant un verre d'eau :*

Voici de l'eau.

LE ROI

Merci.

Il boit avidement.

LA NOURRICE

Ne buvez pas ainsi... Vous êtes en sueur... Venez, mon pauvre Seigneur ! Je vais essuyer votre front.

LE ROI

Oui. — Aïe ! vous m'avez fait mal ! Je suis tombé dans le corridor... j'ai eu peur !

LA NOURRICE

Venez, venez. Allons-nous-en.

LE ROI

Ils vont avoir froid sur les dalles... — Elle a crié Maman ! et puis, oh ! oh ! oh ! — C'est dommage, n'est-ce pas ? Une pauvre petite fille... mais c'est le vent... Oh ! n'ouvrez jamais les fenêtres ! — Il faut que ce soit le vent... Il y avait des vautours aveugles dans le vent cette nuit ! — Mais ne laissez pas traîner ses petites mains sur les dalles... Vous allez marcher sur ses mains ! — Oh ! oh ! prenez garde !

LA NOURRICE

Venez, venez. Il faut se mettre au lit. Il est temps. Venez, venez.

LE ROI

Oui, oui, oui, il fait trop chaud ici... Éteignez les lumières ; nous allons au jardin ; il fera frais sur la pelouse, après la pluie ! J'ai besoin d'un peu de repos... Oh ! voilà le soleil !

Le soleil entre dans la chambre.

LA NOURRICE

Venez, venez ; nous allons au jardin.

LE ROI

Mais il faut enfermer le petit Allan ! Je ne veux plus
qu'il vienne m'épouvanter !

LA NOURRICE

Oui, oui, nous l'enfermerons. Venez, venez.

LE ROI

Avez-vous la clef ?

LA NOURRICE

Oui, venez.

LE ROI

Oui, aidez-moi... J'ai un peu de peine à marcher... Je
suis un pauvre petit vieux... Les jambes ne vont plus...
Mais la tête est solide... *(S'appuyant sur la nourrice.)* Je ne
vous fais pas mal ?

LA NOURRICE

Non, non, appuyez hardiment.

LE ROI

Il ne faut pas m'en vouloir, n'est-ce pas ? Moi qui suis
le plus vieux, j'ai du mal à mourir... Voilà ! voilà ! à
présent c'est fini ! Je suis heureux que ce soit fini ; car
j'avais tout le monde sur le cœur.

LA NOURRICE

Venez, mon pauvre Seigneur.

LE ROI

Mon Dieu ! mon Dieu ! elle attend à présent sur les
quais de l'enfer !

LA NOURRICE

Venez, venez !

LE ROI

Y a-t-il quelqu'un ici qui ait peur de la malédiction des morts ?

ANGUS

Oui, Sire, moi...

LE ROI

Eh bien ! fermez leurs yeux et allons-nous-en !

LA NOURRICE

Oui, oui, venez, venez.

LE ROI

Je viens, je viens ! Oh ! oh ! comme je vais être seul maintenant !... Et me voilà dans le malheur jusqu'aux oreilles ! — À soixante-dix-sept ans ! Où donc êtes-vous ?

LA NOURRICE

Ici, ici.

LE ROI

Vous ne m'en voudrez pas ? — Nous allons déjeu-ner ; y aura-t-il de la salade ? — Je voudrais un peu de salade...

LA NOURRICE

Oui, oui, il y en aura.

LE ROI

Je ne sais pas pourquoi, je suis un peu triste aujourd'hui. — Mon Dieu ! mon Dieu ! que les morts ont donc l'air malheureux !...

Il sort avec la nourrice.

ANGUS

Encore une nuit pareille et nous serons tout blancs !

Ils sortent tous, à l'exception des sept béguines, qui entonnent le Miserere *en transportant les cadavres sur le lit. Les cloches se taisent. On entend les rossignols au dehors. Un coq saute sur l'appui de la fenêtre et chante.*

DOSSIER

CHRONOLOGIE

1862. *Le 29 août*, naissance de Maurice Maeterlinck à Gand, dans une famille de vieille bourgeoisie solidement installée dans sa Flandre natale, catholique, d'opinions conservatrices et de langue française.

Enfance heureuse partagée entre la ville de Gand et la propriété campagnarde d'Oostacker, située au bord du canal qui relie Gand à Terneuzen. Le père de Maurice, Polydore, s'adonne à la culture des fleurs et des arbres fruitiers (une pêche porte son nom). Sportif, Maurice pratique le canotage et le patinage.

1867. Fréquentation de l'école maternelle chez les Sœurs de Notre-Dame ; puis école primaire privée, Institut Calamus, où il prend goût aux exercices littéraires.

1874. Collège Sainte-Barbe à Gand, tenu par les Jésuites. Maurice se lie d'amitié avec ses condisciples Grégoire Le Roy (né en 1862) et Charles Van Lerberghe (né en 1861). Il remporte ses « premiers succès littéraires » et fait partie du groupe théâtral du collège.

1881. Inscription à l'université de Gand, en faculté de droit, par respect de la tradition familiale. Quatre ans après, il est reçu docteur en droit et entre au barreau où il resta inscrit jusqu'à l'âge de vingt-sept ans. Il plaidera peu, mal servi par une voix sourde. « Je conduis fatalement mes clients en prison », expliquait-il à l'avocat bruxellois Edmond Picart. Plus soucieux de poésie que de juridiction, il publie en *1883* dans *La Jeune Belgique*, les triolets *Dans les joncs* sous la signature de M. Mater, poésie sentimentale et mièvre.

1885. *Octobre*. Il obtient de ses parents la faveur d'un bref séjour à Paris pour s'y perfectionner dans l'art oratoire. *Novembre-décembre*. Rentré en Belgique, il découvre le mystique flamand du XIVe siècle, Ruysbroeck, « un ermite » ou « un illuminé », selon lui. Il traduit intégralement du flamand *Le Livre des XII béguines* et *L'Ornement des noces spirituelles* et écrit une introduction accompagnée d'extraits.

1886. *Janvier*. Deuxième séjour à Paris de plusieurs mois en compagnie de Grégoire Le Roy. Il fréquente des écrivains non conformistes tels Pierre Quillard, Ephraïm Mikaël, Saint-Pol Roux, Rodolphe Darzens, avec lesquels il fonde *La Pléiade*. Il fait la connaissance de Villiers de l'Isle-Adam : « La grande admiration, le plus beau souvenir et le grand choc de ma vie. Ma vie a deux versants, avant, après Villiers. D'un côté l'ombre, de l'autre la lumière. » (Lettre à Théophile Briant, août 1938.)
Mai : dans le troisième numéro de *La Pléiade*, Maeterlinck publie un conte *Le Massacre des Innocents*, inspiré d'un tableau de Bruegel le Vieux. En *juin*, y paraissent ses premiers poèmes : *Reflets, Fauves las, Feuillages du cœur, Serre d'ennui, Le Souvenir, Visions*.

1886-1895. Avocat à Gand, Maeterlinck plaide rarement. Il se livre à l'élevage des abeilles, aux sports et surtout à la littérature. Collabore à plusieurs revues nationales : *La Jeune Belgique, La Wallonie*, dirigée par Albert Mockel, *Le Parnasse de la jeune Belgique*. Il fait paraître les poèmes qui, regroupés, constitueront le recueil des *Serres chaudes*.

1889. *Janvier-juin* : publie *Onirologie* (conte fantastique) dans *La Revue Générale*.
31 mai : le recueil de poèmes *Serres chaudes* imprimé à Gand par Vanier, paraît avec des illustrations de Georges Minne à Paris. Verhaeren clame son admiration dans *L'Art moderne* du 21 juillet : « Vraiment ces choses se passent au tournant de la poésie contemporaine. C'est neuf à faire craquer toutes les habitudes. »
Édite son premier drame, *La Princesse Maleine*, imprimé à 30 exemplaires par L. Van Melle à Gand. *La Princesse Maleine* provoquera l'enthousiasme d'Octave Mirbeau qui, le 24 août 1890, dans un article du *Figaro*, compare Maeterlinck à Shakespeare.

1890. *La Princesse Maleine* (155 exemplaires), Van Melle, Gand. *L'Intruse — Les Aveugles*, Lacomblez, Bruxelles, (150 exemplaires).
13 octobre : nouvelle édition de *La Princesse Maleine* chez Lacomblez.

1891. Publie *Les Sept Princesses*, Lacomblez, Bruxelles. *L'Ornement des noces spirituelles de Ruysbroeck l'admirable*, traduit du flamand et accompagné d'une *Introduction*, Lacomblez. *L'Intruse* est représentée au théâtre d'Art à Paris le *21 mai* et reprise le *7 décembre* avec *Les Aveugles*. En *juin*, il participe à l'*Enquête sur l'évolution littéraire* de Jules Huret et donne ses idées sur le *Symbole*. Refus du prix triennal de littérature dramatique que voulait lui décerner l'Académie royale de Belgique en raison de « tout ce que ses aînés en littérature avaient souffert ». Ce refus marque une rupture entre le poète et son milieu d'origine. Maeterlinck passe son temps, tantôt à Gand, tantôt à Oostacker, pratique l'apiculture et le sport.

1892. *Pelléas et Mélisande*, Lacomblez, Bruxelles.

1893. *Pelléas et Mélisande* est joué le *16 mai* au théâtre des Bouffes-Parisiens par Lugné-Poe.

1894. *6 novembre* : représentation à L'Œuvre de l'adaptation de *'Tis pity she's a whore* de John Ford (1586-1639) sous le titre *Annabella*. Publication chez Deman de trois petits drames pour marionnettes : *Alladine et Palomides, Intérieur, La Mort de Tintagiles* (collection du Réveil). *Préface* aux *Sept Essais d'Emerson* traduits par I. Will (Lacomblez).

1895. Rencontre de l'actrice Georgette Leblanc qui avait contracté un engagement au théâtre de la Monnaie.
15 mars : *Intérieur* est représenté au théâtre de l'Œuvre. Traduction des *Disciples à Saïs* et des *Fragments de Novalis*, précédée d'une *Introduction* sur Novalis et le romantisme allemand (Lacomblez). Maeterlinck continue de vivre dans la maison paternelle où il mène une existence très réglée. Voyage en Angleterre.

1896. *Le Trésor des humbles*, Mercure de France, Paris. Premier recueil d'essais philosophiques. *Aglavaine et Sélysette* (Mercure de France), pièce jouée en *décembre* au théâtre de l'Œuvre. *Douze Chansons*, l'album est imprimé par Van Melle à Gand et édité par P.V. Stock, tiré à 635 exemplaires avec 12 gravures sur bois et 12 culs-de-lampe de Ch. Doudelet. *Préface* à l'essai de Camille Mauclair, *Jules Laforgue* (Mercure de France). Séjour en Italie.

1897. *Mars* : Maeterlinck décide de s'installer à Paris, rue Lalo, près du Bois de Boulogne, où il loue d'abord une chambre qui lui sert de cabinet de travail et à la villa Dupont, rue Pergolèse. Se succèdent des retraites campagnardes : La Montjoie près Bagnoles-de-l'Orne, en Normandie, le presbytère de Gruchet-Saint-Siméon près de Lumeray où il passe la plus grande partie de l'année.

1898. *Sagesse et destinée*, Mercure de France, deuxième recueil d'essais philosophiques. Voyage en Espagne.

1899. *Ariane et Barbe-bleue* paraît en allemand dans la *Wiener Rundschau*, traduit par von Oppeln-Bronikowski.

1901. *Sœur Béatrice* est publiée à Berlin par le Inselverlag, traduit par von Oppeln-Bronikowski. *La Vie des abeilles* (Fasquelle, Paris), qui fait connaître Maeterlinck dans le grand public. Prenant appui sur la science, il tente une scrutation philosophique de « l'univers ».

1902. *Le Temple enseveli*, Fasquelle, Paris, essai philosophique. *27 avril* : première de *Pelléas et Mélisande* à l'Opéra-Comique avec la musique de Debussy. *Mai* : le théâtre de l'Œuvre joue *Monna Vanna*, Fasquelle publie la pièce.

1903. Décès de Polydore Maeterlinck. Maurice achète à Grasse la villa des Quatre-Chemins. *20 mai* : représentation de *Joyzelle* au théâtre du Gymnase, publiée chez Fasquelle. La pièce est traduite en allemand.

1904. *Le Miracle de saint Antoine*, traduit par Oppeln-Bronikowski, paraît à Leipzig. *Le Double Jardin*, traduit en anglais et en néerlandais où Maeterlinck est conduit à affirmer qu'il n'existe plus « qu'un seul devoir, qui est de faire le moins de mal possible et d'aimer les autres comme on s'aime soi-même ». Il fait l'éloge du suffrage universel.

1907. Maeterlinck s'installe dans l'ancien monastère bénédictin de Saint-Wandrille près d'Yvetot en Seine-Maritime. *L'Intelligence des fleurs,* recueil d'essais philosophiques, paraît chez Fasquelle.

1909. *30 septembre : L'Oiseau Bleu* est créé au théâtre d'Art de Moscou. Représentation à Saint-Wandrille de *Macbeth* le *28 août* dans la traduction et l'adaptation de Maeterlinck publiée dans *Vers et prose* et l'année suivante chez Fasquelle.

1910. *Février : Marie-Magdeleine,* parue en traduction allemande, est créée à Leipzig au *Neues Stadttheater.* Maeterlinck est accusé de plagiat par Paul Heyse qui, en 1903, avait traité le sujet dans son drame *Maria von Magdala. 28 août : Pelléas et Mélisande* est joué à Saint-Wandrille.

1911. *2 mars : L'Oiseau bleu* est joué à Paris, au théâtre Réjane. Reçoit le prix Nobel de littérature en *novembre.* Installation à Nice aux *Abeilles* sur la colline des Baumettes. *La Mort* (édition anglaise).

1912. *8 mai :* la ville de Bruxelles organise au théâtre de la Monnaie un gala en présence de la famille royale. Y sont donnés un acte de *Pelléas* (Gabriel Fauré dirige l'orchestre) et des fragments de *La Vie des abeilles.*

1913. *Avril :* Maeterlinck soutient la grève déclenchée par les socialistes belges pour le suffrage universel. *13 mai : Marie-Magdeleine* est jouée à la Monnaie puis au Châtelet à Paris pour être publiée chez Fasquelle.

1914. Maeterlinck veut s'engager dans l'armée, le gouvernement belge le lui refuse. Conférence en Italie : *Pour la patrie* (Pro Patria). *L'Hôte inconnu* paraît en version anglaise, les sciences occultes en sont le sujet.

1915. Il sert son pays en faisant des tournées de conférences en Italie, en Espagne et en Angleterre.

1916. *Les Débris de la guerre* (Fasquelle), livre de combat anti-allemand.

1917. *L'Hôte inconnu* est publié en version française.

1918. *Le Bourgmestre de Stilmonde* (pièce de guerre) est joué à Buenos Aires. *14 décembre :* Maeterlinck se sépare de Georgette Leblanc.

1919. Achat du château de Médan. En *mars,* il épouse Renée Dahon. *Les Sentiers dans la montagne* paraissent chez Fasquelle. Tournée de plusieurs mois aux États-Unis. *Le Bourgmestre de Stilmonde* est publié suivi de *Le Sel de la vie.*

1920. *19 août :* le roi le désigne parmi les fondateurs de l'Académie royale de langue et de littérature françaises.

1921. *Le Grand Secret* (Fasquelle). Maeterlinck écrit la préface à la traduction des *Épîtres* de Sénèque qui paraissent à Lyon.

1922. Fasquelle publie *Les Fiançailles.*

1925. *Le Malheur passe* paraît dans Les Œuvres libres.
1926. *La Vie des termites* (Fasquelle). *La Puissance des morts* (Les Œuvres libres). *Berniquel* paraît dans *Candide*.
1927. *Marie-Victoire* (Les Œuvres libres). *En Sicile et en Calabre* (Kra). Préface à *Mes Mémoires* de Gérard Harry.
1928. *La Vie de l'espace* (Fasquelle). *L'Oiseau bleu* est repris à l'Odéon.
1929. *La Grande Féerie* (Fasquelle). *Judas de Kerioth* (Les Œuvres libres).
1930. *La Vie des fourmis* (Fasquelle).
1932. *L'Araignée de verre* (Fasquelle). Maeterlinck achète une propriété à Nice qu'il nomme Orlamonde. Le titre de comte lui est conféré à l'occasion de son 70e anniversaire.
1933. *La Grande Loi* (Fasquelle).
1934. *Avant le grand silence* (Fasquelle).
1935. *La Princesse Isabelle* (Fasquelle).
1936. Élection en qualité de membre de l'Académie des sciences morales et politiques de France. *Le Sablier* (Fasquelle). *L'Ombre des ailes* (Fasquelle).
1937. *Devant Dieu*, Fasquelle. Préface à *Une révolution dans la paix* d'Oliveira Salazar (Flammarion).
1939. *La Grande Porte*, Fasquelle. Il se trouve au Portugal lorsqu'éclate le conflit. Il se fixe à New York, puis à Palm Beach.
1942. *L'Autre Monde ou le cadran stellaire*, New York, Fasquelle.
1947. Retour a Orlamonde.
1948. *Jeanne d'Arc*, Éditions du Rocher, Monaco. *Bulles bleues* (livre de souvenirs), Éditions du Rocher.
1949. Mort à Nice.

NOTICE

Serres chaudes

Sur la page de couverture de *La Pléiade*, dans le numéro d'avril 1886, était annoncée la publication d'un recueil de poèmes intitulé *Les Symboliques*. Charles Van Lerberghe, l'ami et le confident, auquel Maeterlinck avait soumis son livre qu'il avait appelé entre-temps *Tentations*, lui recommande de choisir plutôt le titre de *Serres chaudes* : « Le titre *Tentations* me semble presque inadmissible. Ce ne sont pas des tentations du tout. Serres chaudes vaut infiniment mieux, car ce sont des mots d'abord très fréquents du livre, puis ils peuvent s'appliquer à toutes vos pièces sans distinction » (*Lettres de Van Lerberghe à Maurice Maeterlinck*, publiées par R.O.J. Van Nuffel, *Annales* de la Fondation Maeterlinck, tome VI, 1960, p. 117).

Dans une lettre du 5 janvier 1889, Van Lerberghe annonçait à Albert Mockel que son ami lui avait remis le cahier complet de ce qui allait devenir les *Serres chaudes*. Il s'exprime en termes enthousiastes : « C'est admirable de maladie, de phosphorescence, d'atmosphère lourde et suffocante. Il y a des images inouïes ! Ce sont des Goya et des De Groux » (in : *La Jeunesse de Materlinck ou la poésie du mystère. Une conférence inédite d'Albert Mockel*, publiée par Jean Warmoes, *Annales*, t. VI, 1960, p. 29).

Le livre sort des presses de Louis Van Melle pour l'éditeur parisien Léon Vanier, le 31 mai 1889, tiré à 155 exemplaires et illustré de sept bois par Georges Minne. Il faut noter que ces sept bois ne sont pas des illustrations, mais plutôt des motifs ornementaux qui n'ont guère de rapports directs avec le texte. En fait, avant cette publication, dix-neuf poèmes avaient été publiés dans diverses revues dont voici la liste :

1887 — *Oraisons nocturnes* (I et II) dans *La Jeune Belgique*, tome VI, nº 5, (6 mai 1887).
— *Offrande obscure*, ibid., nº 9, (5 septembre 1887).
— *Tentations, Oraison, Offrande obscure, Oraison nocturne, Reflets, Fauves las, Feuillage du cœur, Serre d'ennui, Visions, Lassitude, Ronde d'ennui, Désirs d'hiver*, dans le *Parnasse de la Jeune Belgique*, 15 octobre 1887.

1888 — *Oraison, Âme de serre, Verre ardent*, in : *La Jeune Belgique*, tome VII, n° 3-4, (mars-avril 1888).

— *Oraison, Âme chaude, Intentions*, ibid., n° 8 (1ᵉʳ août).

1889 — *Amen* (qui figure dans *Serres chaudes* sous le titre : *Âme de nuit*), *La Jeune Belgique*, tome VIII, n° 3, (mars-avril).

L'édition originale des *Serres chaudes* se compose donc de dix-neuf poèmes déjà publiés (tous écrits en vers réguliers) et de quatorze poèmes qui paraissent pour la première fois. Ces quatorze poèmes se répartissent comme suit :

VERS RÉGULIERS	VERS LIBRES
Chasses lasses	Serre chaude
Heures ternes	Cloche de verre
Ennui	Âme
Amen	Hôpital
Aquarium	Cloche à plongeur
Attente	Regards
Après-midi	Attouchements

Après l'examen des carnets de Maeterlinck, Joseph Hanse, auteur de l'édition critique des poésies complètes, parue en 1965 à La Renaissance du Livre, a pu démontrer que ces poèmes en vers libres datent du début de l'année 1888. Il faut noter que Maeterlinck fut vraisemblablement le premier Belge à employer le vers libre après Laforgue et Gustave Kahn en France.

Dans son édition critique, Joseph Hanse souligne les difficultés rencontrées par les différents auteurs : « Une strophe de l'édition originale est parfois interrompue par un changement de page et cette coupure a pu provoquer, dans les éditions successives, une division inexacte du poème. Il en est résulté une diversité stupéfiante dans le nombre et la longueur des strophes. »

Les rééditions successives des *Serres chaudes* entre 1900 et 1965 sont les suivantes :

1900 : *Serres chaudes suivies de Quinze Chansons*, Lacomblez, Bruxelles. — Réédition en 1905 (la couverture porte 1906), 1910, 1912.

1927 : *Serres chaudes suivies de Quinze Chansons*, avec un portrait de l'auteur et ornements en trois tons de P.-J. Vibert, Paris, éd. d'Art E. Pelletan. Collection « Les Poètes », n° 2. Le tirage de ce petit livre est de 725 exemplaires numérotés.

1947 : *Serres chaudes. Quinze Chansons. Nouveaux poèmes*. Préface de Louis Piérard, Paris-Bruxelles, À l'enseigne du Chat qui pêche. Imprimé à Gand (1 250 exemplaires).

Cette édition de luxe est présentée avec la reproduction du portrait de Maeterlinck par Girard Hale et le fac-similé du manuscrit du poème *Dernier Cri*.

1955 : *Serres chaudes. Chansons complètes*. Paris, Librairie Les Lettres. Collection « Origine », n° 1. (1 000 exemplaires sur trois papiers vélins différents). Reproduction du manuscrit de la chanson *Dernier Cri*, portrait de Maeterlinck et une illustration par Valentine Hugo.

Le recueil reprend les chansons de l'édition précédente au nombre de quinze.

1965 : *Poésies complètes*. Édition définitive présentée par Joseph Hanse, Bruxelles, La Renaissance du Livre. 10 exemplaires de cet ouvrage ont été tirés sur papier vergé. Il s'agit de la première édition critique des œuvres poétiques de Maurice Maeterlinck.

En Belgique, les milieux littéraires saluent dans les *Serres chaudes* l'éveil d'une nouvelle forme de sensibilité. Verhaeren, dans *l'Art moderne* du 21 juillet 1889, y voit « un art neuf où la versification classique n'est plus que légende » et relève l'imprécision fluide des images. Naguère compromis, l'avenir de la littérature belge semble désormais assuré ; « quand des rangs sort un aussi brillant paladin, on voit refleurir l'espérance » (cité d'après Herman Braet, *L'Accueil fait au Symbolisme en Belgique 1885-1900*, Palais des Académies, Bruxelles, 1967).

Iwan Gilkin, dans *La Jeune Belgique* d'août-septembre 1889, écrit son admiration pour les audaces du poète gantois : « Serres chaudes ! Tel est bien le titre que nécessitaient ces poèmes moites et luxuriants, éclos dans une atmosphère artificielle, sans aucune communication avec le dehors. L'air qui stagne dans ce livre étrange, est humide, lourd, chargé de buées tièdes et de parfums qui donnent le vertige. » Toutefois I. Gilkin ne manque pas de se montrer plus réservé quant à la versification et n'hésite pas à reprocher à Maeterlinck son « relâchement » dans les « morceaux de prose qui eussent gagné à se métamorphoser en véritables poèmes rythmés et rimés » (*Chronique littéraire*).

Curieusement, à l'occasion de la publication des *Serres chaudes*, la critique belge souligne de nombreuses influences, étrangères à l'esprit latin, que subit le symbolisme, allant même jusqu'à prétendre que le symbolisme n'est pas un mouvement littéraire français. Dans *La Pléiade*, Albert Arnay défend la thèse selon laquelle la forme des *Serres chaudes* trahit l'origine flamande du poète ; dans *La Wallonie* du 31 juillet, Van Lerberghe félicite son ami de son « tempérament germanique » faisant une qualité de ce que d'autres considèrent comme une tare. Une véritable querelle idéologique ne tardera pas à se déclencher en 1891, à propos du « génie germanique » de Maurice Maeterlinck qui va payer la rançon de ses attaches flamandes. La critique littéraire allemande, représentée par les Monty Jacobs, Meyer-Benfey et le traducteur F. von Oppeln-Bronikowski (celui-ci deviendra le traducteur-interprète attitré de Maeterlinck en Allemagne), n'hésite pas à annexer l'œuvre de Maurice à la pensée allemande. Nous citons, à titre de commentaire, ce commentaire de von Oppeln-Bronikowski : « Beaucoup de ce qu'on peut facilement exprimer dans l'idiome allemand, on n'en vient pas à bout en français, ou tout au plus on le dit très lourdement. J'ai bien remarqué cela dans les *Serres chaudes*... Il y a souvent dans ces poèmes une lutte avec l'expression, de sorte qu'on voudrait crier, en présence d'un tel délabrement : mais pour l'amour de Dieu, parlez donc allemand ! Maeterlinck est d'ailleurs aux trois quarts germain, non seulement par son origine, mais aussi par ses pensées... Maeterlinck est plus proche de l'univers de pensée chrétien d'essence germanique qu'aucun autre Gaulois... avocat de l'âme, il combat la "raison raisonnée" de la tradition française. »

Une certaine critique française ne demeure pas en reste avec son homologue d'outre-Rhin. Elle rejette Maeterlinck poète, comme elle condamnera le dramaturge et plus largement la littérature symboliste abreuvée d'influences étrangères dans laquelle elle voit la fatale sépa-ration d'avec la tradition gréco-latine, seule source digne de la pensée française.

Outre-Rhin, les *Serres chaudes* sont accueillies avec grand intérêt. Le lyrisme maeterlinckien est jugé comme un produit exotique (Otto Brahms, Maximilian Harden), caractéristique du « Jugendstil » (Monty Jacobs) ou comme l'expression de la « décadence » dans la ligne du style « fin de siècle » (Brunemann — von Oppeln Bronikowski). Ce dernier contribuera à l'immense succès du symbolisme dans les pays de langue allemande.

De fait, l'influence de Maeterlinck poète, mais aussi dramaturge et essayiste, fut très profonde en Allemagne et en Autriche. Rainer Maria Rilke, Hofmannsthal, Trakl, Broch, Gottfried Benn et Robert Musil virent en Maeterlinck le révélateur d'une forme orientée vers le mystère et l'irrationnel, un émancipateur de l'âme. Curieux phéno-mène de l'histoire littéraire, c'est Maeterlinck qui, par sa traduction française des *Disciples à Saïs* et des *Fragments de Novalis*, contribue à la redécouverte en Allemagne du romantisme au sein du cercle de Ste-fan George !

Il est généralement admis que les *Serres chaudes* ont été réhabilitées en France par les surréalistes. Apollinaire, Blaise Cendrars, André Breton furent des admirateurs des poèmes de Maeterlinck. Dans son anthologie intitulée *Le meilleur choix de poèmes est celui qui se fait pour soi-même* (Édit. du Sagittaire, 1947), Paul Éluard présente trois poèmes des *Serres chaudes* : *Offrande obscure, Regards, Cloche à plongeur*.

Notons la tentative de Monique Dorsel, directrice animatrice du Théâtre-Poème de Bruxelles, qui monta en octobre 1979 un spectacle théâtral à partir des *Serres chaudes*.

Les Chansons

Un premier album des *Douze Chansons* de Maurice Maeterlinck fut imprimé par L. Van Melle à Gand et édité par P.-V. Stock à Paris en 1896. La maison Buschmann d'Anvers exécute le brochage et réalise la couverture. Tiré à 635 exemplaires, l'ouvrage, de format in-4° oblong, sans pagination, présente douze gravures sur bois et douze culs-de-lampe de Ch. Doudelet.

La première réédition des *Chansons*, en 1900, contient trois pièces supplémentaires, précédées des poèmes des *Serres chaudes*. Le titre exact en est : *Serres chaudes suivies de Quinze Chansons*. Édition in-12, Paul Lacomblez, Bruxelles. Réédition en 1905 (la couverture porte 1906), 1910, 1912. Ce sont ces *Quinze Chansons* que nous avons reproduites ici.

Les rééditions successives des *Chansons* correspondent avec celles des *Serres chaudes*, soit : 1927, 1947, 1955 et 1965. Il faut noter que seulement deux rééditions des *Chansons* ne sont pas précédées des *Serres chaudes* :

1923 : *Douze Chansons*. Préface d'Antonin Artaud. Portrait de l'auteur gravé par Gorvel. Stock, Paris, Collection « Les Contemporains », n° 24. Les chansons sont classées dans l'ordre de l'édition originale, mais en fait ce sont *quinze* qui sont publiées, car le recueil donne les trois nouvelles chansons parues dans l'édition Lacomblez.

1929 : *Douze Chansons*. Illustrations de Ch. Doudelet. Douze nouveaux dessins s'ajoutent à ceux de l'édition originale. Cette édition de luxe — appelée édition Aryenne — de format in-folio, est établie par Éd. Grégoire et imprimée par Goossens à Bruxelles. Tirage limité à 100 exemplaires, dont 25 sur japon nacré blanc, avec dessins rehaussés à l'aquarelle par l'artiste et une suite sur chine, et 75 exemplaires sur vélin.

En composant ses *Chansons*, Maeterlinck a suivi le goût de l'époque pour la poésie populaire. On sait le penchant de Verhaeren, de Rimbaud ou de Laforgue pour les « rythmes naïfs ». Gustave Kahn écrit alors ses lieds, Moréas ses cantilènes, Elskamp ses chansons : *Chansons de pauvre homme pour célébrer la semaine de Flandre*.

Plaidant pour une poésie nouvelle, faite d'atmosphère et de suggestion, mieux appropriée à traduire l'aspiration de l'âme dans ce qu'elle a d'essentiellement indéfinissable, Albert Mockel réclame le retour de la chanson :

Je voudrais la chanson enfin, car la chanson parfaite doit naître assurément en France ! Et elle dirait des mots purs, doux et vastes, la cantilène enfin trouvée ; elle serait d'allure ingénue, pourtant imagée, savoureuse, même subtile mais toujours naturelle et franche d'aspect, et naïve à force d'art ; je voudrais qu'elle parût jaillie d'elle-même sur des lèvres ignorantes, mais que le penseur et l'esthète vinssent avec elle s'unir, comme l'on songe, comme on se mire au clair tranquille d'une eau qui rafraîchira maintes bouches et coule sans les voir sous les visages penchés.

(*Propos de Littérature*, 1894, édité par
Michel Otten, Bruxelles, 1962.)

Il n'est pas surprenant que Maeterlinck, très impressionné par les contes et leur poésie mystérieuse, réclamant dès 1888 le retour à la veine populaire, se soit plu à composer des chansons, d'autant que son enfance avait été bercée par les vieilles complaintes du terroir flamand. « Pour ma part », écrit Robert O.J. Van Nuffel, « je suis convaincu que ces chansons ne diffèrent pas essentiellement des anciennes chansons populaires flamandes. Maeterlinck leur a donné plus de raffinement. Et si le décor joue un rôle dans ces piécettes, c'est que, sans doute, il figure aussi dans d'anciennes complaintes qui s'adaptent si bien au cadre gantois. »

Un critique aussi sensible que Robert Guiette n'a pas tort de souligner « la coloration préraphaélite » du Moyen Âge imaginaire de Maeterlinck, conforme à la ligne de Burne Jones ou de Rossetti. Lieu de rencontre à la confluence du monde germanique et du monde latin, la Belgique ne le fut peut-être jamais autant qu'en cette fin du XIXe siècle. Et il serait bien vain de vouloir isoler des références précises à propos des *Chansons*.

Parfois, la chanson a été intégrée au drame, ainsi dans *Pelléas et Mélisande, Ariane et Barbe-bleue* ou dans *Aglavaine et Sélysette*. Et le critique Gaston Compère (*Le Théâtre de Maurice Maeterlinck*, Bruxelles, 1955) a pu démontrer que la chanson des *Trois sœurs aveugles* avait été composée pour le drame de *Pelléas et Mélisande* et qu'elle était plus ou moins subordonnée à la scène, dans la mesure où celle-ci préfigure la destinée de celle qui la chante. Hypothèse réfutée par Joseph Hanse qui prouve que si la chanson des *Trois sœurs aveugles* figure dans l'édition définitive de *Pelléas*, Mélisande chante en fait d'autres vers dans les quatre premières éditions de 1892. La chanson qui s'est développée indépendamment de la scène, représenterait donc bien un genre à part. Constatons cependant que la chanson cadre avec l'atmosphère du drame qu'elle prolonge. En tant qu'intermède lyrique elle assure une certaine unité de ton par sa musicalité, par le jeu d'associations d'images et la nostalgie qu'elle suscite.

À propos des *Quinze Chansons*, Jean Cassou fait cette remarque qui situe bien la place de la chanson dans l'œuvre maeterlinckienne : « Les *Quinze Chansons* qui ont complété les *Serres chaudes* sont de l'authentique *Volkslied*. Tout le matériel et tout l'arsenal et toutes les bizarreries associatives de la poétique maeterlinckienne s'y retrouvent simplifiées et remaniées par le génie populaire. C'est le même Maeterlinck, sa pensée et son lyrisme, mais inspirés par le plus rustique des anges de sa province et de son peuple, et un nouveau miracle s'accomplit, qui est que, sans artifice aucun, sans rien de forcé, mais le plus naturellement du monde, la chanson se chante. L'ange n'a eu qu'à souffler » (*Le Poète*, in : *Maurice Maeterlinck 1862-1962*, ouvrage collectif publié sous la direction de Joseph Hanse et de Robert Vivier, La Renaissance du Livre, 1962).

La Princesse Maleine

Ce drame avait été publié en 1889 d'abord à 30 exemplaires, hors commerce, dont 5 sur papier de Hollande, chez Louis Van Melle à Gand ; exemplaires tirés par Maeterlinck lui-même sur une presse à bras pour les distribuer à quelques amis, parmi lesquels Grégoire Le Roy, Iwan Gilkin, Georges Khnopff, Jules Destrée, Albert Mockel, Émile Verhaeren et Stéphane Mallarmé. Celui-ci ému par l'originale beauté de la pièce, avait prêté à Octave Mirbeau l'exemplaire qui lui était destiné.

Dans *Bulles bleues*, Maeterlinck raconte comment les 250 francs économisés par sa mère sur les frais du ménage lui permirent de mettre en vente dans la même année une édition tirée à 150 exemplaires chez Paul Lacomblez à Bruxelles.

C'est l'article d'Octave Mirbeau paru dans *Le Figaro* du 24 août 1890 qui avait déclenché le succès foudroyant de la pièce :

> *Je ne sais rien de M. Maurice Maeterlinck. Je ne sais d'où il est et comment il est. S'il est vieux ou jeune, riche ou pauvre, je ne le sais. Je sais seulement qu'aucun homme n'est plus inconnu que lui ; et je sais aussi qu'il a fait un chef-d'œuvre, non pas un chef-d'œuvre étiqueté, chef-d'œuvre à l'avance, comme en publient tous les jours nos jeunes maîtres, chantés sur tous les tons de la glapissante lyre — ou plutôt de la glapissante flûte contemporaine ; mais un admirable et pur et éternel chef-d'œuvre, un chef-d'œuvre qui suffit à immortaliser un nom et à faire bénir ce nom par tous les affamés du beau et du grand ; un chef-d'œuvre comme les artistes honnêtes et tourmentés, parfois aux heures d'enthousiasme, ont rêvé d'en écrire un et comme ils n'en ont écrit aucun jusqu'ici. Enfin, M. Maurice Maeterlinck nous a donné l'œuvre la plus géniale de ce temps et la plus extraordinaire et la plus naïve aussi, comparable et, oserai-je le dire ? supérieure en beauté à ce qu'il y a de plus beau dans Shakespeare. Cette œuvre s'appelle* La Princesse Maleine. *Existe-t-il dans le monde vingt personnes qui la connaissent ? J'en doute.*

Albert Mockel a montré le caractère quelque peu exagéré des propos d'Octave Mirbeau (in : *La Jeunesse de Maeterlinck. Conférence inédite*, Annales de la Fondation Maeterlinck, Tome VI, 1960). En effet, le jeune talent du poète avait été salué déjà à Bruxelles de même qu'à Liège par Charles Van Lerberghe et par Mockel lui-même dans *La Wallonie* de juin-juillet 1890. « *La Princesse Maleine* requiert par de saisissantes merveilles », y avait-il écrit ! Mais le nom de Maurice demeurait ignoré dans la presse et dans le grand public et c'est bien l'article de Mirbeau qui fit du jour au lendemain la célébrité du Gantois, à Paris et presque aussitôt après en Angleterre, aux États-Unis, en Allemagne.

L'événement affola les libraires, se souvient Maeterlinck dans *Bulles bleues. De tous côtés on leur demanda* La Princesse Maleine. *Il n'y avait dans le commerce qu'une cinquantaine d'exemplaires qui disparurent comme une goutte d'eau dans une fournaise. Lacomblez en fit en hâte une édition courante mais qui parut avec de longs retards, c'est-à-dire quand le feu de la curiosité flambait déjà dans une autre direction et je ne connus pas encore les joies rémunératrices du best seller.*
La presse belge reproduisait l'article avec des commentaires moitié figue moitié raisin. Elle se méfiait encore comme les habitants de Nazareth si parva

licet componere maximis, *et craignait d'être victime d'une mystification parisienne.*

Avec humour, Maeterlinck raconte la démarche de son père chez son ami le sénateur afin d'obtenir pour le jeune avocat qu'il était un poste de juge de paix dans un gros village des environs de Gand où il pût travailler librement à son œuvre :

Le sénateur, entendant sa requête, roule des yeux exorbités et lui déclare qu'à son grand regret, il savait déjà qu'en haut lieu on ferait des objections, et que lui-même estimait qu'on ne pouvait élever à la situation qu'il sollicitait un jeune homme qui s'était disqualifié en écrivant les Serres chaudes *et* La Princesse Maleine. *Ce serait un scandale sans précédent dans la magistrature.*

Le 9 novembre 1890, Pierre Louÿs, après une réunion chez Mallarmé où l'on avait discuté de *La Princesse Maleine*, note dans son *Journal intime* :

La Princesse Maleine est une légende étrange et merveilleuse. Elle a des transparences d'eau nocturne, des ombres de forêt profonde, des teintes effacées et uniformes derrière lesquelles on prévoit des roulements de tonnerre lointain [...]. La voix qui parlait en moi-même quand je lisais tout bas, restait lente et monotone, sans intention de psalmodie, mais comme éteinte et lassée par d'intarissables tristesses. La moindre inflexion m'aurait blessé comme une dissonance cruelle.

La Princesse Maleine était bien l'événement du jour.

Comme en témoignent ses lettres de remerciements à Octave Mirbeau, Maeterlinck se révèle cependant inquiet quant à la rapidité de son succès : « Cela vient trop tôt, je suis trop jeune, cela n'est pas juste, et je crois que ces moments doivent se payer, Dieu sait de quelle façon, peut-être terriblement. » Et en septembre de la même année, une autre lettre confirme son inquiétude : « Je suis profondément troublé en ce moment et je n'ai jamais plus profondément douté de moi-même. Dans ma pauvre Princesse je ne vois que du Shakespeare, de l'Edgar Poe et l'influence de mon ami Van Lerberghe et je n'y distingue plus rien qui m'appartienne. »

Loin d'être grisé par la gloire de *La Princesse Maleine*, Maeterlinck réagit au contraire avec scepticisme, conscient qu'il ne s'est pas encore dégagé des influences qui pèsent lourdement sur lui et qu'il cherche encore sa voie. Il n'empêche que cette œuvre valut à son auteur la notoriété.

BIBLIOGRAPHIE

Pour les œuvres de Maurice Maeterlinck, on voudra bien se reporter à la *Chronologie* que nous avons établie.

Principales études critiques :

ANNALES : *Annales de la Fondation Maurice Maeterlinck. Maurice Maeterlinck Stichting,* depuis 1955, Gand.
En particulier : Maurice Maeterlinck, *Le « Cahier bleu »,* édition critique de Joanne Wieland-Burston, 1977.
[Le *Cahier bleu* date de 1888].

BODART, Roger : *Maurice Maeterlinck,*　Seghers, « Poètes d'aujourd'hui », 1962.

CENTENAIRE : ouvrages édités à l'occasion du centenaire de la naissance de Maeterlinck :
— *Le Centenaire de Maurice Maeterlinck (1862-1962),* Palais des Académies, Bruxelles, 1964.
— *Maurice Maeterlinck 1862-1962,* édit. par Joseph Hanse et Robert Vivier, La Renaissance du Livre, Bruxelles, 1962.
— *Europe,* nº 399-400, « *Maeterlinck* », 1962.
— *Synthèses,* nº 195, « *Maurice Maeterlinck* », 1962.

COMPÈRE, Gaston : *Le Théâtre de Maurice Maeterlinck,* Palais des Académies, Bruxelles, 1955.

ESCH. M. : *L'Œuvre de Maurice Maeterlinck,* Mercure de France., Paris, 1912.

GÉRARDINO, Adèle : *Le Théâtre de Maurice Maeterlinck,* thèse, Paris, 1934.

GORCEIX, Paul : *Les Affinités allemandes dans l'œuvre de Maurice Maeterlinck. Contribution à l'étude du symbolisme français et du romantisme allemand,* P.U.F., Paris, 1975, (412 pages).
— *À propos d'un inédit de Maurice Maeterlinck : le Cahier bleu,* in : *Etudes germaniques,* nº 4, 1970.
— *L'Oiseau bleu, Märchen initiatique de Maurice Maeterlinck,* in : *Annales,* tome XVII, 1971.

— *De la spécificité du Symbolisme belge,* in : *Bulletin* de l'Académie Royale de Langue et de Littérature Françaises, tome LVI, n° 1, 1978.

— *Poème « Hôpital » de Maurice Maeterlinck,* in : *L'Information littéraire,* n° 1, 1980.

— *Les « Serres chaudes » de Maurice Maeterlinck, prélude à la poésie moderne,* in : *Revue d'histoire littéraire de la France,* LXXX.

— *Y a-t-il un Symbolisme belge ?* in : *Cahiers roumains d'études littéraires,* n° 3, 1980.

— *Le Symbolisme en Belgique,* C. Winter Universitätsverlag, « Studia Romanica », Heidelberg, 1982, (192 pages).

HANSE, Joseph : *De Ruysbroeck aux « Serres Chaudes »,* in : *Le Centenaire de Maurice Maeterlinck,* op. cit.

— *Introduction* aux *Poésies complètes* de Maurice Maeterlinck, La Renaissance du Livre, Bruxelles, 1965.

HARRY, Gérard : *La Vie et l'œuvre de Maurice Maeterlinck,* Fasquelle, Paris, 1932.

JACOBS, Monty : *Maeterlinck, Eine kritische Studie zur Einführung in seine Werke,* Diederichs, Leipzig, 1901.

LECAT, Maurice : *Le Maeterlinckisme,* Castaigne, Bruxelles, 1939.

LUTAUD, Christian : *Maeterlinck et la Bible,* in : *Annales,* tome XVI, 1971.

— *Macbeth dans l'œuvre de Maeterlinck,* in : *Annales,* tomes XX et XXI, 1974-1975.

PALLESKE, S.O. : *Maurice Maeterlinck en Allemagne,* Strasbourg, 1938.

PASQUIER, Alex : *Maurice Maeterlinck,* La Renaissance du Livre, Bruxelles, 1963.

POSTIC, Marcel : *Maeterlinck et le symbolisme,* Nizet, Paris, 1970.

POUILLIART, Raymond : *Maurice Maeterlinck de 1889 à 1891,* in : *Annales,* t. VIII, 1962.

— *L'Orientation religieuse de Maeterlinck en 1887 et 1888,* in *Le Centenaire de Maurice Maeterlinck,* op. cit.

— *Maurice Maeterlinck et la mystique flamande. Notes complémentaires,* Uitgabe von het Ruusbroec-Genootschap, Anvers.

RIEMENSCHNEIDER, Hartmut : *Der Einfluß Maeterlincks auf die deutsche Literatur bis zum Expressionismus,* thèse, Aix-la-Chapelle, 1969.

VAN NUFFEL, Robert, O.J. : *Maeterlinck ou le silence,* in : *Annales,* t. VII, 1961.

— *Maeterlinck et Gand,* in : *Europe,* juil.-août 1962.

NOTES

Serres chaudes

Nous signalons ici quelques retouches qui ont été apportées à la présentation des poèmes tels que les présente l'édition de la Librairie Les Lettres. De même nous ajoutons un certain nombre de remarques concernant les variations de texte, qui nous ont paru importantes.

HÔPITAL
Page 51
   Le distique coupé en bas de page a été rétabli pour redonner à l'image son unité :
               Écoutez ! on ouvre les écluses !
               Et les transatlantiques agitent l'eau du canal !

   Comme dans l'édition de 1947, la Librairie Les Lettres donne le vers :
               Voyez la sœur de charité qui attise le feu !
   Il faut remarquer que le vers figure dans l'édition de 1889 sous la forme de :
               Oh ! mais la sœur de charité attisant le feu !
   C'est ce vers que reprend Joseph Hanse dans l'édition de La Renaissance du Livre.

   Il convenait de ne pas séparer le vers :
               Et les agneaux de la prairie entrent tristement
                  dans la salle !
qui fait partie du massif d'images qui débute avec le vers :
               On empoisonne quelqu'un dans un jardin !

ORAISON NOCTURNE
Page 52
   Dans l'édition de 1889 on lit :
               Et *les* luxures ennemies.

Page 53

Nous nous rangeons à la version :

   La lune est verte de serpents !

plus conforme ; le possessif *Sa* lune... ne figurant que dans les versions 1905-1912 et 1955.

CLOCHE À PLONGEUR
Page 57

Rétablissement de l'image homogène coupée en bas de page :

   Attention ! l'ombre des grands voiliers passe sur
    les dahlias des forêts sous-marines ;
   Et je suis un moment à l'ombre des baleines qui
    s'en vont vers le pôle !

REGARDS
Page 65

Les éditions de 1889 et de 1965 donnent un point d'exclamation après « issues ». Dans l'édition de 1947 figure un point virgule.

ATTOUCHEMENTS
Page 70

Notons que l'édition de 1955 comme celle de 1947 donne :

   Ô les attouchements !

tandis que dans toutes les autres éditions, y compris dans celle de J. Hanse, le poème commence par le mot « Attouchements ! » sans « Ô les... »

Dans la troisième strophe *il* convient de ne pas séparer le vers :

   Je devenais souvent le pauvre qui mange du pain
    au pied du trône.

du vers :

   J'étais parfois le plongeur qui ne peut plus
    s'évader de l'eau chaude !

L'adverbe « souvent » alterne avec l'adverbe « parfois » du vers suivant. Aussi n'y a-t-il pas lieu de couper le mouvement qui commence avec :

   Je me souviens de toutes les mains qui ont touché mes mains.

et se termine par le vers :

   Et répandre un peu d'eau sur le seuil !

Page 71

Conformément à la remarque de J. Hanse (p. 279) qui signale que les deux vers :

   Oh ! j'ai connu d'étranges attouchements !
   Et voici qu'ils m'entourent à jamais !

formaient une strophe suivie d'un blanc en 1889 et 1890 et que les éditions ultérieures avaient à tort rattaché ces deux vers à la strophe suivante, nous séparons ce groupe de deux vers de la strophe :

   On y faisait l'aumône un jour de soleil...

ÂME DE NUIT
Page 73

Dans la troisième strophe, le sens du vers exige que le point (après le vers « Et j'attends enfin leurs remèdes. ») soit remplacé par une virgule :

Et j'attends enfin leurs remèdes,
Pour ne pas mourir au soleil,...

Pour la quatrième strophe, signalons que les éditions de 1910-1912 et 1955 donnent « *Des* cygnes », contrairement aux autres éditions où le vers commence par « *De* cygnes » entraîné par la construction « Où tant de cygnes » du vers précédent.

Notons que l'édition de 1955, comme celle de 1947, donne « ... leur col morose ! » Dans les éditions de 1889 et de 1890 figure le pluriel avec une virgule. Joseph Hanse a préféré la version au singulier avec une virgule.

On note un point après le vers :

Des malades cueillent des roses.

dans l'édition de la Renaissance du Livre qui reprend la version de 1889.

Chansons

Ces *Chansons* ne comportent pas de titres dans l'édition de 1955. Joseph Hanse a pris le premier vers comme titre de chaque chanson.

Avant d'être publiées dans les recueils de 1896 et de 1900, la plupart des *Quinze Chansons* ont paru d'abord dans des revues françaises et belges telles que : *La Conque* (Paris), *Floréal* (Liège), *La Plume* (Paris), *L'Ermitage* (Paris), *La Jeune Belgique* (Bruxelles), *La Société Nouvelle* (Bruxelles), *La Wallonie* (Liège). Quant aux publications allemandes, il faut citer la revue berlinoise d'art et de littérature : *Pan*, fondée en 1895.

Chanson I : *Elle l'enchaîna dans une grotte*
Page 77

À la cinquième strophe, suppression de la virgule après « un soir », conformément à l'édition originale.

Chanson V : *Les trois sœurs aveugles*
Page 81

Il faut signaler que « lampes d'or » est suivi d'un point dans l'édition de 1965.

Chanson VII : *Les sept filles d'Orlamonde*
Page 83

Joseph Hanse n'est pas d'accord avec la version « ont cherché ». Il préfère « cherchèrent » en fonction du passé simple « fut morte » du deuxième vers.

Chanson XI : *Ma mère, n'entendez-vous rien ?*
Page 88

L'ordre est inversé dans la première strophe par rapport à l'édition de 1965 qui donne :

> Ma mère, n'entendez-vous rien ?
> Ma fille, donnez-moi vos mains.
> Ma mère, on vient avertir...
> Ma fille, c'est un grand navire...

Chanson XIII : *J'ai cherché trente ans, mes sœurs*
Page 91

> J'ai cherché trente ans, mes sœurs
> Où s'est-il caché ?

Un point d'exclamation remplace le point d'interrogation dans l'édition de 1965.

Les éditions de 1927-1947 et de 1955 donnent « m'en approcher » tandis qu'on lit « m'en rapprocher » dans les éditions plus anciennes (4e vers, 1re strophe).

Chanson XIV : *Les trois sœurs ont voulu mourir*
Page 92

Remarquons que J. Hanse a supprimé les deux points avant les deux vers entre guillemets — et ce aux strophes 4 et 7 tandis qu'il maintient ces deux points à la strophe 2 :

> S'en sont allées vers la forêt :
> « Forêt, donnez-nous notre mort,
> Voici nos trois couronnes d'or. »

Pour des raisons de symétrie et pour la présentation équilibrée de la page, nous avons préféré nous en tenir à l'édition de 1955.

Chanson XV : *Cantique de la Vierge dans « Sœur Béatrice »*
Page 94

Contrairement au manuscrit de la pièce et aux premières éditions des *Quinze Chansons* qui donnent la version :

> Et ne *s'égarent* pas...

l'édition de 1955, que nous avons suivie, fournit la version :

> Et ne *se perdent* pas...

vraisemblablement afin d'éviter la répétition avec le « s'égare » du premier vers de la strophe.

Maurice Maeterlinck

PRÉFACE À L'ÉDITION DU *THÉÂTRE* DE 1901,
PARUE CHEZ LACOMBLEZ À BRUXELLES.

I

Le texte de ces petits drames, que mon éditeur réunit aujourd'hui
en trois volumes, n'a guère été modifié. Ce n'est point qu'ils me sem-
blent parfaits, il s'en faut bien, mais on n'améliore pas un poème par
des corrections successives. Le meilleur et le pire y confondent leurs
racines, et souvent, à tenter de les démêler, on perdrait l'émotion
particulière et le charme léger et presque inattendu, qui ne pouvaient
fleurir qu'à l'ombre d'une faute qui n'avait pas encore été commise.
Il eût, par exemple, été facile de supprimer dans *la Princesse Maleine*
beaucoup de naïvetés dangereuses, quelques scènes inutiles et la plu-
part de ces répétitions étonnées qui donnent aux personnages l'appa-
rence de somnambules un peu sourds constamment arrachés à un
songe pénible. J'aurais pu leur épargner ainsi quelques sourires, mais
l'atmosphère et le paysage même où ils vivent en eussent paru chan-
gés. Du reste, ce manque de promptitude à entendre et à répondre
tient intimement à leur psychologie et à l'idée un peu hagarde qu'ils
se font de l'univers. On peut ne pas approuver cette idée, on peut
aussi y revenir après avoir parcouru bien des certitudes. Un poète
plus âgé que je n'étais alors et qui l'eût accueillie, non pas à l'entrée
mais à la sortie de l'expérience de la vie, aurait su transformer en
sagesse et en beautés solides, les fatalités trop confuses qui s'y agitent.
Mais telle quelle, l'idée anime tout le drame et il serait impossible de
l'éclairer davantage sans enlever à celui-ci la seule qualité qu'il possè-
de : une certaine harmonie épouvantée et sombre.

II

Les autres drames dans l'ordre où ils parurent, à savoir : *L'Intruse,
les Aveugles* (1890), *les Sept Princesses* (1891), *Pelléas et Mélisande* (1892),
Alladine et Palomides, Intérieur et *la Mort de Tintagiles* (1894), présentent
une humanité et des sentiments plus précis, en proie à des forces
aussi inconnues, mais un peu mieux dessinées. On y a foi à d'énormes

puissances, invisibles et fatales, dont nul ne sait les intentions, mais que l'esprit du drame suppose malveillantes, attentives à toutes nos actions, hostiles au sourire, à la vie, à la paix, au bonheur. Des destinées innocentes, mais involontairement ennemies, s'y nouent et s'y dénouent pour la ruine de tous, sous les regards attristés des plus sages, qui prévoient l'avenir mais ne peuvent rien changer aux jeux cruels et inflexibles que l'amour et la mort promènent parmi les vivants. Et l'amour et la mort et les autres puissances y exercent une sorte d'injustice sournoise, dont les peines — car cette injustice ne récompense pas, — ne sont peut-être que des caprices du destin. Au fond, on y trouve l'idée du Dieu chrétien, mêlée à celle de la fatalité antique, refoulée dans la nuit impénétrable de la nature, et, de là, se plaisant à guetter, à déconcerter, à assombrir les projets, les pensées, les sentiments et l'humble félicité des hommes.

III

Cet inconnu prend le plus souvent la forme de la mort. La présence infinie, ténébreuse, hypocritement active de la mort remplit tous les interstices du poème. Au problème de l'existence il n'est répondu que par l'énigme de son anéantissement. Du reste, c'est une mort indifférente et inexorable, aveugle, tâtonnant à peu près au hasard, emportant de préférence les plus jeunes et les moins malheureux, simplement parce qu'ils se tiennent moins tranquilles que les plus misérables, et que tout mouvement trop brusque dans la nuit attire son attention. Il n'y a autour d'elle que de petits êtres fragiles, grelottants, passivement pensifs, et les paroles prononcées, les larmes répandues ne prennent d'importance que de ce qu'elles tombent dans le gouffre au bord duquel se joue le drame et y retentissent d'une certaine façon qui donne à croire que l'abîme est très vaste parce que tout ce qui s'y va perdre y fait un bruit confus et assourdi.

IV

Il n'est pas déraisonnable d'envisager ainsi notre existence. C'est, de compte fait, pour l'instant, et malgré tous les efforts de nos volontés, le fond de notre vérité humaine. Longtemps encore, à moins qu'une découverte décisive de la science n'atteigne le secret de la nature, à moins qu'une révélation venue d'un autre monde, par exemple une communication avec une planète plus ancienne et plus savante que la nôtre, ne nous apprenne enfin l'origine et le but de la vie, longtemps encore, toujours peut-être, nous ne serons que de précaires et fortuites lueurs, abandonnées sans dessein appréciable à tous les souffles d'une nuit indifférente. À peindre cette faiblesse immense et inutile, on se rapproche le plus de la vérité dernière et radicale de notre être, et, si des personnages qu'on livre ainsi à ce néant hostile, on parvient à tirer quelques gestes de grâce et de tendresse, quelques paroles de douceur, d'espérance fragile, de pitié et d'amour, on a fait ce qu'on peut humainement faire quand on transporte l'existence aux confins de cette grande vérité immobile qui glace l'énergie et le désir de vivre. C'est ce que j'ai tenté dans ces petits drames. Il ne m'appartient point de juger si j'y ai quelquefois réussi.

V

Mais aujourd'hui, cela ne me paraît plus suffisant. Je ne crois pas qu'un poème doive sacrifier sa beauté à un enseignement moral, mais si, tout en ne perdant rien de ce qui l'orne au dedans comme au dehors, il nous mène à des vérités aussi admissibles mais plus encourageantes que la vérité qui ne mène à rien, il aura l'avantage d'accomplir un double devoir incertain. Chantons durant des siècles la vanité de vivre et la force invincible du néant et de la mort, nous ferons passer sous nos yeux des tristesses qui deviendront plus monotones à mesure qu'elles se rapprocheront davantage de la dernière vérité. Essayons au contraire de varier l'apparence de l'inconnu qui nous entoure et d'y découvrir une raison nouvelle de vivre et de persévérer, nous y gagnerons du moins d'alterner nos tristesses en les mêlant d'espoirs qui s'éteignent et se rallument. Or, dans l'état où nous sommes, il est tout aussi légitime d'espérer que nos efforts ne sont pas inutiles, que de penser qu'ils ne produisent rien. La vérité suprême du néant, de la mort et de l'inutilité de notre existence, où nous aboutissons dès que nous poussons notre enquête à son dernier terme, n'est, après tout, que le point extrême de nos connaissances actuelles. Nous ne voyons rien par delà, parce que là s'arrête notre intelligence. Elle paraît certaine, mais en définitive rien en elle n'est certain que notre ignorance. Avant que d'être tenu de l'admettre irrévocablement, il nous faudra longtemps encore chercher de tout notre cœur à dissiper cette ignorance et faire ce que nous pourrons pour trouver la lumière. Dès lors le grand cercle de tous nos devoirs antérieurs à cette certitude trop hâtive et mortelle se remet en branle, et la vie humaine recommence avec ses passions qui ne semblent plus aussi vaines, avec ses joies, ses tristesses et ses devoirs qui reprennent de l'importance puisqu'ils peuvent nous aider à sortir de l'obscurité ou à la supporter sans amertume.

VI

Ce n'est pas à dire que nous reviendrons au point où nous nous trouvions autrefois, ni que l'amour, la mort, la fatalité et les autres forces mystérieuses de la vie reprendront exactement leur place et leur rôle anciens dans notre existence réelle et dans nos œuvres, et notamment, puisque c'est d'elles que nous nous occupons ici, dans nos œuvres dramatiques. L'esprit humain, ai-je dit, à ce propos, dans une page à peu près inédite, l'esprit humain subit depuis trois quarts de siècle une évolution dont on n'a pas encore une vue bien claire, mais qui est probablement l'une des plus considérables qui aient eu lieu dans le domaine de la pensée. Cette évolution, si elle ne nous a pas donné sur la matière, la vie, la destinée de l'homme, le but, l'origine et les lois de l'univers, des certitudes définitives, nous a du moins enlevé ou rendu presque impraticables un certain nombre d'*incertitudes* ; et ces *incertitudes* étaient justement celles où se complaisaient et fleurissaient librement les pensées les plus hautes. Elles étaient, par excellence, l'élément de beauté et de grandeur de toutes nos allusions, la force cachée qui élevait nos paroles au-dessus des paroles de la vie ordinaire, et le poète semblait grand et profond à proportion de la forme plus ou moins triomphante, de la place plus ou moins prépondérante qu'il savait donner à ces incertitudes belles ou effrayantes, pacifiques ou hostiles, tragiques ou consolatrices.

VII

La haute poésie, à la regarder de près, se compose de trois éléments principaux : D'abord la beauté verbale, ensuite la contemplation et la peinture passionnées de ce qui existe réellement autour de nous et en nous-mêmes, c'est-à-dire la nature de nos sentiments, et enfin, enveloppant l'œuvre entière et créant son atmosphère propre, l'idée que le poète se fait de l'inconnu dans lequel flottent les êtres et les choses qu'il évoque, du mystère qui les domine et les juge et qui préside à leurs destinées. Il ne me paraît pas douteux que ce dernier élément soit le plus important. Voyez un beau poème, si bref, si rapide qu'il se montre. Rarement sa beauté, sa grandeur se limitent aux choses connues de notre monde. Neuf fois sur dix il les doit à une allusion aux mystères des destinées humaines, à quelque lien nouveau du visible à l'invisible, du temporel à l'éternel. Or, si l'évolution peut-être sans précédent qui se produit de nos jours dans l'idée que nous nous faisons de l'inconnu ne trouble pas encore profondément le poète lyrique, et ne lui enlève qu'une partie de ses ressources, il n'en va pas de même du poète dramatique. Il est peut-être loisible au poète lyrique de demeurer une sorte de théoricien de l'inconnu. À la rigueur il lui est permis de se tenir aux idées générales les plus vastes et les plus imprécises. Il n'a point à se préoccuper de leurs conséquences pratiques. S'il est convaincu que les divinités d'autrefois, que la justice et la fatalité n'interviennent plus aux actions des hommes et ne dirigent plus la marche de ce monde, il n'a pas besoin de donner un nom aux forces incomprises qui s'y mêlent toujours et dominent toute chose. Que ce soit Dieu ou l'Univers qui lui paraisse immense et terrible, il importe assez peu. Nous lui demandons principalement qu'il fasse passer en nous l'impression immense ou terrible qu'il a ressentie. Mais le poète dramatique ne peut se borner à ces généralités. Il est obligé de faire descendre dans la vie réelle, dans la vie de tous les jours, l'idée qu'il se fait de l'inconnu. Il faut qu'il nous montre de quelle façon, sous quelle forme, dans quelles conditions, d'après

quelles lois, à quelle fin, agissent sur nos destinées, les puissances
supérieures, les influences inintelligibles, les principes infinis, dont, en
tant que poète, il est persuadé que l'univers est plein. Et comme il est
arrivé à une heure où loyalement il lui est à peu près impossible
d'admettre les anciennes, et où celles qui les doivent remplacer ne
sont pas encore déterminées, n'ont pas encore de nom, il hésite,
tâtonne, et s'il veut rester absolument sincère, il n'ose plus se risquer
hors de la réalité immédiate. Il se borne à étudier les sentiments
humains dans leurs effets matériels et psychologiques. Dans cette
sphère il peut créer de fortes œuvres d'observation, de passion et de
sagesse, mais il est certain qu'il n'atteindra jamais à la beauté plus
vaste et plus profonde des grands poèmes où quelque chose d'infini
se mêlait aux actions des hommes ; et il se demande s'il doit décidé-
ment renoncer aux beautés de cet ordre.

VIII

Je ne le crois pas. Il trouvera, à réaliser ces beautés, des difficultés
qu'aucun poète n'avait jusqu'ici rencontrées, mais il y parviendra
demain. Et aujourd'hui même, qui semble le moment le plus dange-
reux de l'alternative, un ou deux poètes ont réussi à sortir du monde
des réalités évidentes, sans rentrer dans celui des chimères anciennes,
car la haute poésie est avant tout le royaume de l'imprévu, et des
règles les plus générales surgissent, comme des fragments d'étoiles
qui traversent le ciel où l'on n'attendait aucune lueur, des exceptions
déconcertantes. Et c'est, par exemple, *La Puissance des Ténèbres* de
Tolstoï qui passe sur le fleuve le plus banal de la vie inférieure, com-
me un îlot flottant, un îlot d'horreur grandiose et tout ensanglanté de
fumées infernales, mais enveloppé aussi de l'énorme flamme blanche,
pure et miraculeuse qui jaillit de l'âme primitive d'Akim. Ou bien, ce
sont les *Revenants* d'Ibsen, où éclate, dans un salon bourgeois, aveu-
glant, étouffant, affolant les personnages, l'un des plus terribles mys-
tères des destinées humaines. Nous avons beau nous fermer à l'an-
goisse de l'inintelligible, dans ces deux drames interviennent des puis-
sances supérieures que nous sentons tous peser sur notre vie. Car
c'est bien moins l'action du Dieu des chrétiens qui nous trouble dans
le poème de Tolstoï que l'action du Dieu qui se trouve dans une âme
humaine, plus simple, plus juste, plus pure et plus grande que les
autres. Et dans le poème d'Ibsen, c'est l'influence d'une loi de justice
ou d'injustice récemment soupçonnée et formidable : la loi de l'héré-
dité, loi peut-être discutable, mais si mal connue, et en même temps si
plausible, que sa menace énorme cache la plus grande portion de ce
qu'on y pourrait mettre en doute.

Mais en dépit de ces sorties inattendues, il n'en reste pas moins que
le mystère, l'inintelligible, le surhumain, l'infini — peu importe le
nom qu'on lui donne — est devenu si peu maniable depuis que nous
n'admettons plus *a priori* l'intervention divine dans les actions humai-
nes, que le génie même n'a pas souvent de ces rencontres heureuses.

Quand Ibsen, dans d'autres drames, essaye de relier à d'autres mystères les gestes de ses hommes en mal de conscience exceptionnelle ou de ses femmes hallucinées, il faut convenir que si l'atmosphère qu'il parvient à créer est étrange et troublante, elle est rarement saine et respirable, parce qu'elle est rarement raisonnable et réelle.

I X

Dans le temps, le génie à coup sûr, parfois le simple et honnête talent, réussissaient à nous donner au théâtre cet arrière-plan profond, ce nuage des cimes, ce courant d'infini, tout ceci et tout cela, qui n'ayant ni nom ni forme, nous autorise à mêler nos images en en parlant, et paraît nécessaire pour que l'œuvre dramatique coule à pleins bords et atteigne son niveau idéal. Aujourd'hui, il y manque presque toujours ce troisième personnage, énigmatique, invisible, mais partout présent, qu'on pourrait appeler le personnage sublime, qui, peut-être, n'est que l'idée inconsciente mais forte et convaincue que le poète se fait de l'univers et qui donne à l'œuvre une portée plus grande, je ne sais quoi qui continue d'y vivre après la mort du reste et permet d'y revenir sans jamais épuiser sa beauté. Mais convenons qu'il manque aussi à notre vie présente. Reviendra-t-il ? Sortira-t-il d'une conception nouvelle et expérimentale de la justice ou de l'indifférence de la nature, d'une de ces énormes lois générales de la matière ou de l'esprit que nous commençons à peine d'entrevoir ? En tout cas, gardons-lui sa place. Acceptons, s'il le faut, que rien ne la vienne occuper pendant le temps qu'il mettra à se dégager des ténèbres, mais n'y installons plus de fantômes. Son attente, et son siège vide dans la vie, ont par eux-mêmes une signification plus grande que tout ce que nous pourrions asseoir sur le trône que notre patience lui réserve.

Pour mon humble part, après les petits drames que j'ai énumérés plus haut, il m'a semblé loyal et sage d'écarter la mort de ce trône auquel il n'est pas certain qu'elle ait droit. Déjà, dans le dernier, que je n'ai pas nommé parmi les autres, dans *Aglavaine et Sélysette*, j'aurais voulu qu'elle cédât à l'amour, à la sagesse ou au bonheur une part de sa puissance. Elle ne m'a pas obéi, et j'attends, avec la plupart des poètes de mon temps, qu'une autre force se révèle.

Quant aux deux petites pièces qui suivent *Aglavaine et Sélysette*, savoir : *Ariane et Barbe-Bleue ou la Délivrance inutile*, et *Sœur Béatrice*, je voudrais qu'il n'y eût aucun malentendu à leur endroit. Ce n'est pas parce qu'elles sont postérieures qu'il y faudrait chercher une évolution ou un nouveau désir. Ce sont, à proprement parler, de petits jeux de scène, et de courts poèmes du genre assez malheureusement appelé « opéra-comique » destinés à fournir aux musiciens qui les avaient demandés un thème convenable à des développements lyriques. Ils ne prétendent à rien davantage, et l'on se méprendrait sur mes intentions si l'on y voulait trouver par surcroît de grandes arrière-pensées morales ou philosophiques.

QUINZE CHANSONS

Table   305

Cet ouvrage
le cent quatre-vingt unième
de la collection Poésie,
composé par SEP 2000,
a été achevé d'imprimer par
l'imprimerie Bussière à Saint-Amand (Cher)
le 26 octobre 1983.
Dépôt légal : octobre 1983.
Numéro d'imprimeur : 2450.

ISBN 2-07-032245-9./Imprimé en France